Wolf Schneider · Christoph Fasel

Wie man die Welt rettet und sich dabei amüsiert

W0198268

Rowohlt

1. Auflage März 1995
Copyright © 1995 by Rowohlt Verlag GmbH,
Reinbek bei Hamburg
Alle Rechte vorbehalten
Einbandgestaltung Susanne Heeder
(Foto: TCL/Bavaria)
Gesetzt aus der Sabon (Monotype Lasercomp)
von LibroSatz, Kriftel
Gedruckt und gebunden von Clausen & Bosse, Leck
Printed in Germany
ISBN 3 498 06294 8

Inhalt

Wege in die neue Wirklichkeit

Die schöne neue Welt

I. Augenlust
ohne Erdenrest

Die Arche Noah, die uns vor der nächsten Sintflut retten kann, ist schon im Bau. Es ist unser verkabeltes Wohnzimmer. Wir müssen nur *erkennen*, daß in ihm die Zukunft liegt, und den Unkenrufen grämlicher Kulturpessimisten sollten wir den klaren Satz entgegenstellen: Bleibt mehr zu Hause, seht mehr fern!

Das mag nach Wahnsinn klingen, nach Übermut oder nach einem schlechten Witz. Doch in Wahrheit liegt hier ein Problem, das wir nur lösen können, wenn wir uns ihm unerschrocken nähern, mit dem Mut zu eiskaltem Realismus und zugleich zu kühner Phantasie – beflügelt von der Einsicht, die der französische Philosoph Blaise Pascal schon vor dreieinhalb Jahrhunderten in den berühmten Satz zusammenfaßte: «Alles Unglück der Menschen rührt davon her, daß sie nicht in Ruhe im Zimmer bleiben können.»

Ist es nicht so, daß sich schon heute die Wirklichkeit auf dem Bildschirm bei weitem angenehmer, sauberer und interessanter spiegelt, als sie ist? Und werden wir nicht mit Computer-Hilfe mehr und mehr in eine selbstgeschaffene Kunstwelt tauchen? Wenn ja, so folgt daraus eine doppelte Revolution: Erstens werden wir uns in unseren vier Wänden besser amüsieren, als wir es draußen jemals könnten. Und zweitens: Indem wir gern daheimbleiben, retten wir zugleich das Raumschiff Erde vor dem Untergang.

Lügen wir uns doch nicht in die eigene Tasche: Jeder, der seine Wohnung verläßt, um etwas zu produzieren oder um zu verreisen, macht unseren Planeten etwas schmutziger. Industrie heißt: Rohstoffe und Energie unter Erzeugung von Lärm und Gestank in Produkte verwandeln, die der Sperrmüll oder der Giftmüll von morgen sind. Reisen heißt: statt *einen* Platz auf Erden gleich deren zwei okkupieren und sich für den Ortswechsel eines Apparats bedienen, der dabei Lärm und Gestank erzeugt, nachdem er unter Erzeugung von Lärm und Gestank gebaut worden ist.

Bisher beteiligen sich am Auslandstourismus erst acht Prozent der Menschheit, und doch hat er sich schon an die Spitze der Industrie gesetzt, vor dem Öl und dem Auto (die ihrerseits ohne das Reisefieber ziemlich kleine Branchen wären); er hat Städte verstopft, Kulturdenkmäler zertrampelt, Seen verjaucht und Badestrände unter Beton und Müll begraben. Wehe, wenn auch noch die Chinesen kommen! Jene islamischen Fundamentalisten, die seit 1992 in Ägypten und Algerien auf Touristen schießen, fühlen sich vermutlich als Abgesandte Mohammeds; ihre historische Funktion aber ist es, einen ökologisch wertvollen Beitrag zur Senkung des Reisefiebers zu leisten.

Natürlich bauen sich da zwei riesige Fragezeichen auf: Wie soll die Volkswirtschaft einen solchen Schlag gegen die Produktion und die Tourismus-Industrie verkraften? Und wie soll der arbeits- und reisegewohnte Teil der Menschheit es ertragen, zum ewigen Daheimbleiben verdammt zu sein?

Die volkswirtschaftlichen Probleme eines Rückzugs ins Wohnzimmer sind gewaltig; unlösbar sind sie nicht. Um alle zu *ernähren* (wofür einst jeder Erwachsene arbeiten mußte), genügen in Mitteleuropa schon heute vier Prozent der Erwerbstätigen. Um alle mit Industriegütern zu versorgen, werden über kurz oder lang ebenfalls vier Prozent ausreichen – da ja die Produktivität unablässig steigt und da in einer Gesellschaft, die kaum noch reist, der Bedarf an Autos und Flugzeugen drastisch sinken wird. Und selbst von diesen vier Prozent werden viele zu Hause bleiben können: Sie arbeiten an ihrem Heimcomputer.

Weit mehr Erwerbstätige als für die Produktion werden für

Verwaltung, öffentliche Dienste und private Dienstleistungen gebraucht. 20 Prozent? 30 Prozent? Das wird sich zeigen; es genügt, wenn wir uns klarmachen, daß die Mehrzahl aller Erwachsenen ihre Wohnung nicht zu verlassen braucht.

Wovon diese Mehrheit leben soll? Von einer Rente, die der Staat ihr aussetzt, dafür, daß sie auf Produktion verzichtet. Daß dies durchaus machbar und keineswegs unvernünftig ist, beweist die Europäische Union seit langem auf dem Feld der Landwirtschaft: Längst leben ja viele Bauern von den Prämien, die sie dafür bekommen, daß sie Felder brachliegen lassen und *wenig* Milch erzeugen. Auch verdienten und verdienen Millionen ihren Unterhalt damit, daß sie so gefährlichen Unsinn produzieren wie Raketen oder Kunststoffbecher. Kinder, Alte und Arbeitslose schließlich sind von jeher volkswirtschaftlich unproduktiv und gehören gleichwohl zu den Wohlhabenden, im Weltmaßstab betrachtet.

Das größere Problem wird sein, die Politiker und die Millionenschar der Arbeitswilligen von ihrer Zwangsvorstellung zu befreien, daß erst die Arbeit den wahren Menschen mache. «Wer nicht arbeitet, der soll auch nicht essen»: Diesen gräßlichen Satz schrieb Stalin in die sowjetische Verfassung und der Apostel Paulus an die Thessalonicher – er nur mit der Variante: ‹wer nicht arbeiten *will*›». In Zeiten primitiver Landwirtschaft entsprang dieses Gebot der nackten Not; heute ist es volkswirtschaftlich falsch und ökologisch eine Katastrophe.

Auch wird der Begriff «Arbeit» dabei merkwürdig verengt: als ob nur Arbeit zum Zweck der Produktion oder des anderweitigen Gelderwerbs so heißen dürfte! Wie die Wahrheit aussieht, haben das Bundesfamilienministerium und das Statistische Bundesamt 1994 ans Licht gebracht: Im Jahresdurchschnitt arbeitet der deutsche Erwachsene 22 Stunden pro Woche für Geld und 28 Stunden unbezahlt zu Hause – kochend, waschend, putzend, werkend, kinderpflegend. Und diese lumpigen 22 Stunden spreizen sich, als wären sie das Herzstück unseres Lebens und der Nabel der Welt! Es ist die

Hausarbeit, die den Menschen prägt, und die wird selbstverständlich bleiben – die ideale Arbeit, weil sie keine Waren produziert und nur beim Einkaufen auf öffentlichem Grund stattfindet.

Herunter also von ihrem Sockel mit der «Arbeit» im Sinne von Paulus, Stalin und den ohnehin langsam bemoosten Festreden zum 1. Mai! Umgekehrt könnte ein Schuh daraus werden: daß der 1. Mai deswegen «Tag der Arbeit» hieße, weil an den *anderen* 364 Tagen die Lohnarbeit zu ruhen hätte.

Auch unter Gesellschaftswissenschaftlern, in Evangelischen Akademien und Bonner Hinterzimmern wird längst über die Frage diskutiert: Wie wäre es, wenn wir einfach aufhörten, «Arbeitslosigkeit» als Problem zu definieren? Was ließe sich tun, damit der sogenannte Arbeitslose sich nicht mehr als Versager fühlt, sondern mindestens als ein Mensch von normalem Wert, ja eigentlich als Vorhut einer besseren Welt? Ist sie denn wirklich überholt, die Erfahrung der römischen Antike, daß die Bürger letztlich nur *Brot und Spiele* brauchen? Das Brot bleibt noch zu organisieren; die Spiele finden im Wohnzimmer statt – ein dramatischer Fortschritt gegenüber dem alten Rom, wo man noch den Zirkus brauchte, und ebenso gegenüber der untergegangenen DDR, die sich Fabriken als Stätten geselliger Begegnung leistete.

Gleichwohl liefert die DDR einen schönen Beitrag zur Lösung beider Probleme: Wie kann ich mich wohl fühlen, ohne zu arbeiten, und wie kann ich Geld verdienen, ohne produktiv zu sein?

Zwar ging bei Honecker jedermann an einen sogenannten Arbeitsplatz; produziert aber wurde wenig – und oft nicht einmal gearbeitet: Wenn in der Fabrik, wie so häufig, schon um neun Uhr früh die Schrauben fehlten, verbrachten die sogenannten Arbeiter den Rest des Tages bei Kaffee, Skat und Bier. Unproduktiv zu sein war also ein wesentlicher Teil ihres Beschäftigungsverhältnisses. Warum wird der kleine Schritt vom Wenigarbeiten zum Garnichtarbeiten dennoch von Millionen

Ostdeutschen als tiefer Sturz empfunden? Vermutlich aus zwei Gründen:

Erstens: Zwei Stunden zu arbeiten, acht Stunden am Arbeitsplatz und neun bis zehn Stunden unterwegs zu sein reichte offensichtlich gerade noch, um die von Paulus und Stalin genährte Zwangsvorstellung vom Segen der Arbeit zu befriedigen. Und zweitens hat der Arbeitsplatz natürlich einen Vorteil, der mit *Arbeit* ganz wenig, ganz viel aber mit dem *Platz* zusammenhängt: täglicher Tapetenwechsel mit Trennung der Ehegatten, dazu willkommene Geselligkeit.

Vielleicht lohnt es sich, diesen Vorzug auf unsere künftige Kunstwelt zu übertragen, also das Zuhausebleiben im verkabelten Wohnzimmer mit einer sozial gebilligten Alternative zu versehen: Man könnte den kleinen Umweltschaden in Kauf nehmen, jedermann die Fahrt zu einer stillgelegten Fabrik zu ermöglichen, in der die Schein- und Spielwelt von hundert Schirmen flimmert (ähnlich den zwei Fabriken, die sich in Hamburg schon vor Jahren in Theatersäle verwandelt haben).

Und noch etwas kann die untergegangene DDR uns lehren. Die Mehrzahl ihrer Bewohner trat ja bekanntlich Abend für Abend die Reise in die Kunstwelt des Westfernsehens an. Die Bilder, die sie da empfingen, trugen unstreitig zum Fall der Mauer bei: So leben wollten sie auch.

Seit die Mauer gefallen ist, können sie das Fernsehbild von westdeutscher Wirklichkeit mit der westdeutschen Wirklichkeit vergleichen – und siehe: So gut wie das Fernsehbild gefällt die ihnen nicht. Daß es auf der Mattscheibe von Mördern wimmelt, wiegt offenbar nicht so schwer wie der Umstand, daß Mörder wie Ermordete Mercedes fahren, in der Scheinwelt nämlich.

Ist das nicht eine schöne Ermutigung, uns auf die totale Fernsehwelt zu freuen, der wir erstens ohnehin nicht entrinnen können und die zweitens alle ökologische Vernunft für sich hat? Fernsehen ist schöner als Wirklichkeit – heute schon. Und dabei stehen wir erst am Anfang der großen Bildschirm-Revolution.

Rechnen wir kühl ein Beispiel durch. Etwa eine Million Touristen pro Jahr wollen das Schauspiel eines Sonnenaufgangs an der Bucht von Rio de Janeiro genießen. An die 100 000 von ihnen kommen aus den deutschsprachigen Ländern. Sie buchen also 100 000 Flugreisen, belegen 60 000 Hotelzimmer, steigen in 30 000 Taxis und verpulvern insgesamt rund 400 Millionen Franken oder Mark. Unternimmt an ihrer Stelle ein Fernsehteam die Reise, so braucht es allenfalls 50 000 Mark, fünf Flugzeugsitze, fünf Hotelzimmer und drei Taxis – eine geradezu unglaubliche Ersparnis an Fluglärm, Flugbenzin, Hotelsilos, Autoabgasen und sauer verdientem Geld; und den Sonnenaufgang sehen wir doch.

Natürlich, wir sehen ihn als bloßes Kunstprodukt auf dem Bildschirm, klein, ohne Atmosphäre, ohne den Duft von Jasmin. Doch stehen diesen Nachteilen schon heute bedeutende Vorzüge gegenüber – zu schweigen von denen, die wir morgen haben könnten.

Schon heute bekommen wir vermutlich einen malerischeren Sonnenaufgang zu sehen, als wenn wir selbst gereist wären: Denn das Fernsehteam hatte Zeit und Geld genug, um eine oder zwei Wochen lang auf die idealen Umstände zu warten. Auch entgeht uns nicht nur der Geruch tropischer Blumen, sondern ebenso der von Abgasen, Knoblauch und Achselschweiß. Nimmt man die Sicherheit vor Taschendieben, Durchfall und fremdartig nuschelnden Kellnern hinzu und vergleicht man schließlich die Reisekosten mit der Fernsehgebühr, so fällt der Vergleich nicht mehr so ungünstig aus – heute schon.

Ja schon heute erfüllt das Fernsehen den zentralen Wunsch der meisten Touristen besser als die Wirklichkeit: Sie legen nämlich nicht den geringsten Wert auf fremde Speisen, Gerüche und Geräusche; nur ihr Auge liebt das Ungewohnte. Wie wäre sonst der Erfolg der amerikanischen Hotelketten zu erklären, die die Ohren, die Nase und die Zunge in aller Welt vor dem Fremdartigen bewahren? Fernsehen schmeckt nicht und riecht nicht, und selbst die exotischen Laute werden unserem Ohr erspart mit Hilfe der Synchronisation – Augenlust ohne Erdenrest.

Klar überlegen zeigt sich das Fernsehen schon heute bei einer der populärsten Sendeformen, den Sportübertragungen. In Großaufnahme erkennen wir die flackernden Augen, die geballten Fäuste, die geschundenen Waden der Akteure, die keiner sieht, der bloß dabeigewesen ist. Und welche Katastrophe würde sich 1990 in Italien, 1994 in den USA sowie auf den Routen dorthin ereignet haben, hätte die komplette Milliarde derer, die die Fußballweltmeisterschaften auf dem Bildschirm verfolgten, die Reise zu den Stadien angetreten! Sie blieben zu Hause, sahen mehr, sparten Schweiß und Unsummen und verschonten das Mittelmeer ebenso wie die Prärie. Die Entwicklung, die dieses Buch bewußt machen und vorantreiben will, ist also längst im Gange.

Am weitesten gediehen ist sie beim Wintersport: Das Abfahrtsrennen verfolgen wir vom Sofa aus über ein halbes Dutzend Teilstücke der Piste hinweg – während der Zuschauer am Ort an seinen Standpunkt gefesselt bleibt (seine kalten Füße nicht gerechnet). Wer die Skikanonen beim Schuß wirklich verfolgen will, muß fernsehen.

Demnächst kommt die verblüffende Schärfe des hochauflösenden Fernsehbildes hinzu, und Bildschirme von der Größe einer Kinoleinwand wird sich bald jeder leisten können. Dann werden sich in allem, was das Auge wahrnimmt, die Unterschiede zur Wirklichkeit verwischen; ja wir werden einsehen, daß wir so überwältigende Landschaften wie den Amazonas-Urwald in dem Film «Fitzcarraldo» oder die amerikanische Wüste in «Easy Rider» praktisch nur noch im Heimkino genießen können.

Und noch viel mehr erwartet uns. Schon ist in Amerika das *Interaktive Fernsehen* erfunden, bei dem ich selber auf den Bildschirm-Schurken schießen kann – töte ich ihn, so rollt eine andere Bildplatte ab, als wenn ich ihn verfehle. Und dann *Cyberspace*, die Kunstwelt, die der Computer generiert, dreidimensional und zu verändern durch den Zugriff meiner eigenen Hand!

Noch nie also wird es so verlockend und so kurzweilig gewesen sein, zu Hause zu bleiben; und noch nie wird der Vorteil so groß gewesen sein, nicht in das Gedränge und den Dreck der Außenwelt einzutauchen.

Nun liegt natürlich der Einwand nahe: Was für ein Weltbild soll denn einer haben, der jeden direkten Kontakt mit der herkömmlichen Wirklichkeit vermeidet? Vielleicht ein schiefes, das mag sein. Dieser Nachteil wäre dann an den geschilderten Vorzügen zu messen. Doch ist die Geschichte voll von großen Geistern, *die auch nie da waren* und trotzdem großartige und einflußreiche Schilderungen hinterlassen haben: Daniel Defoe war nie auf der Robinson-Insel und Schiller nie in der Schweiz; die vier Evangelisten haben Jesus nie gesehen, und Dante war nie in der Hölle.

Auch stört es uns bei den beiden populärsten Genres des Kinofilms nicht im geringsten, daß wir die Realität weder kennen noch kennenlernen können oder wollen: Ein Mord möge doch bitte immer nur im Krimi stattfinden, und der Western schildert unverdrossen immer neue Jagden und Verwicklungen aus einer Welt, die vor fast hundert Jahren untergegangen ist.

Also: Der Aufruf «Bleibt zu Hause!» bietet alle Chancen, das Glück auf Erden zu mehren; daß er alle ökologische Vernunft auf seiner Seite hat, versteht sich sowieso. Das Leben aus erster Hand ist dabei, die Erde zu ruinieren. Im Leben aus zweiter Hand liegt die Rettung. Wir amüsieren uns zu Tode? Richtig. Am Mittelmeer. Mit Beton und Flugbenzin. Den hartnäckigen Fernsehnutzer als «Couch potato» zu verspotten, als Sofa-Knolle – das ist Ironie von vorgestern. Die Zukunft gehört dem Stubenhocker: ihm, der keinen Autofriedhof und keine Giftmüllhalde produziert, kein Ozonloch, keinen Ölteppich und keine Algenpest.

Wie aber konnte es dazu kommen, daß als erstes und einziges Lebewesen der Mensch Kraft und Laune hat, seinen Lebensraum zu ruinieren? Wie läßt sich erreichen, daß die meisten den *Wunsch* entwickeln, ihre Wohnung immer höchstens für ein paar Stunden zu verlassen? Welche Gesundheitsprobleme folgen daraus und welche Umstellungsnöte für die Volkswirtschaft? (Denn wir brauchen ja nicht nur weniger Autos und Flugzeuge, sondern auch dramatisch weniger Hotels, Kellner, Stewardessen und Unfallchirurgen).

Von all dem handelt dieses Buch. Auch von der Frage: Ist für Kinder das Fernsehen nicht doch von Nachteil? Und wie spornt man die Fernseh*macher* an, sich ihrer künftigen Rolle als Fernreise-Unternehmer und Vermittler der Welt als würdig zu erweisen? Und wie kontrolliert man ihre Macht? Denn es gilt der alte Spruch: «Fernsehen kann nutzen und schaden. Oder umgekehrt.»

All diese Probleme sind lösbar. Sagen wir also endlich Ja zum *Fernsehen total*, statt kulturkritisch an ihm herumzumäkeln! Das Leben wird eine Wonne sein. Noch ungleich stärker gilt ja für das Wohnzimmerkino, was Schopenhauer treffend über die Dichtkunst gesagt hat: In der Wirklichkeit ist das Leben entweder schmerzlos und langweilig – oder schmerzhaft und interessant; in der Poesie aber «fließt das Leben interessant und doch schmerzlos an uns vorüber». Selbst in der Poesie! Obwohl man sie noch selber buchstabieren mußte und alle Bilder nur vor dem *inneren* Auge auftauchten – einer im Vergleich zum Fernsehschirm ziemlich dürftigen Instanz.

Schließlich fühlen wir uns durch eine vatikanische Glaubensentscheidung ermutigt: Die «Apostolische Poenitentiarie», für die Verwaltung des Bußsakraments zuständig, hat 1985 bekanntlich entschieden, daß der päpstliche Segen per Bildschirm nichts von seiner Wirkung verliert. Der Beistand des Papstes ist, elektronisch in Pixel zerlegt, genauso wirksam wie in der Wirklichkeit. Damit entfällt auch der allerletzte Grund, nach Rom zu reisen.

Wohin wir es gebracht haben

2. Wie wir mit Fleiß
den Planeten ruinieren

Die Bibel hat doch recht. Denn die Geschichte beginnt bei Adam und Eva – zumindest die Geschichte der Ausbeutung der Erde durch den Menschen.

Ihr Inhalt ist rasch erzählt: Es ist die Geschichte jener Ideologie, die Adams und Evas Nachfahren zur Plage des Planeten machte – jenes «schneller, höher, weiter», das den Treibsatz allen menschlichen Handelns bildet. Denn wie hatte Gottvater sein Ebenbild auf die Schöpfung losgelassen? «Macht euch die Erde untertan!» Lieb gedacht war es ja. Leider nahmen die gottähnlichsten seiner Geschöpfe diese Aufforderung allzu wörtlich.

Ja, wenn Eva den Apfel hätte hängen lassen! Dann befände sich die Menschheit noch in jenem beneidenswerten Gleichgewicht zwischen Produktion und Bedürfnisbefriedigung, das sie davon abhielt, Hacke oder Hammer zu ergreifen. Dieser Zustand war nicht nur im biblischen Sinne paradiesisch; auch Mutter Erde ging's dabei gut – wurde sie doch von Staub und Lärm, Abgas und Abraum, Müll und Straßenbau, kurz: von allen unerfreulichen Begleiterscheinungen menschlichen Erwerbsstrebens verschont.

Aber da war jener Apfel mit seinem bitteren Nachgeschmack: Er ließ die Pforten des Paradieses hinter den sündenfälligen Menschen zufallen und zwang sie zur ersten *Reise* der Weltgeschichte. Das Ziel dieser Reise war ebenso unerfreulich wie ihr Anlaß: Es war die Erfindung der Produktion.

Die Vertreibung aus dem Garten Eden zwang die Menschen, planmäßig zu handeln zur «Bedarfsdeckung», wie Ökonomen die Arbeit definieren. Die Arbeit stillt Hunger und Durst, schützt vor Kälte und Gefahren und sichert das Überleben der Sippe. Die Fähigkeit zur Produktion erlöste den Urmenschen vom Fatum der Götter und machte ihn zum Herrn über sein eigenes Schicksal. Und damit auch über das der Erde.

Leider. Denn die Arbeit an sich ist umweltschädlich. Erst recht wird sie es, wenn sie mit Ortswechsel von Mensch und Material einhergeht; unerträglich schließlich, wenn diese Ortswechsel mit einer Massenwanderung von Mensch und Material verbunden sind.

In diesen schlichten Sätzen haben wir das Prinzip der Umweltverwüstung durch den Menschen erfaßt. Zum einen geschieht sie, wie erwähnt, durch die Produktion selbst: dadurch, daß man Erze oder Feldfrüchte mit Hilfe von Kohle, Gas, Öl oder Atomkraft in einen anderen Zustand versetzt und dabei Lärm, Gasschwaden, Schlacke, Dünnsäure, Gammastrahlen oder Atommüllfässer produziert.

Zum anderen macht der Mensch die Welt kaputt, indem er die Güter und die für ihre Produktion notwendigen Menschen und Rohstoffe aus den entlegensten Winkeln herankarrt und per Schiff, Bahn, Auto oder Flugzeug über Tausende von Kilometern zur Produktion transportiert. Damit nicht genug: Die fertigen Produkte müssen ja auch zum Verbraucher. Also wieder rauf auf den 38-Tonner, auf die Bahnpalette oder in die Luftfrachtkisten und ab die Post – zurück bleiben noch mehr Abgase, noch mehr Lärm und ein Berg von Verkehrstoten.

Die Steigerung von Produktion und Mobilität schließlich blieb der modernen Industriegesellschaft vorbehalten: Sie erfand den Massentourismus, der das Reisen selbst zum Produkt macht. Produktion und Mobilität sind also die beiden Schaufeln, mit denen die Menschheit sich anschickt, ihre letzte Ruhestätte zu graben – mit wachsendem Tempo.

Da waren unsere steinzeitlichen Ahnen noch glücklicher dran. Sie waren Jäger und Sammler, sie bebauten keine Äcker, sondern nährten sich von dem, was sie in Wald und Heide auflasen oder mit ihrem Jagdgerät erbeuten konnten. Das unterscheidet sie von uns; etwas anderes nicht. Schon die Neandertaler hinterließen verbrannte Erde: War das Territorium nach wochenlangem Beerenpflücken, Baumrinden-Schälen, Feuerholz-Klauben und Vogelnester-Plündern abgegrast, hatten die jagdbaren Tiere vor den Urwelt-Weidmännern Reißaus genommen, so ging die Sippe wieder auf Wanderschaft – ins nächste Revier, wo die Beeren noch am Strauch hingen.

Allerdings waren die Folgen solchen Treibens im Gegensatz zu heute gering – kein Wunder, wenn man die durchschnittliche Bevölkerungsdichte zur Steinzeit rekonstruiert. Drängen sich zum Beispiel in der niederrheinischen Tiefebene heute bis zu 2660 Männer, Frauen und Kinder auf dem Quadratkilometer, so kamen vor achtzigtausend Jahren schätzungsweise 1,2 Neandertaler auf die gleiche Fläche. Da mußte einer schon ganz schön hausen, um der Natur bleibende Schäden beizubringen; mit Arbeit und Umherstreifen allein schaffte er das nicht. Das Nomadentum, der Erwerbstourismus des Ur- und Frühmenschen, war also allem Vandalismus zum Trotz noch ökologisch unbedenklich: nicht durch seinen Ursprung, aber durch seine geringe Intensität.

Nach der Entdeckung des Ackerbaus verringerte der Ex-Nomade seinen Naturfrevel. Denn Wald und Wiese, Bäume und Sträucher, Wasserlauf und Jagdrevier verloren ihre Beliebigkeit – der Mensch verband nun sein Schicksal mit einem Stück Land, das er fortan dauerhaft bewirtschaftete. Er erfand die «Heimat». Das vielgerühmte, vielbelächelte Beharrungsvermögen des Bauern entpuppt sich als Muster moderner Weltrücksicht. Denn wer nicht reist, spart Geld, zertrampelt keine fremde Erde und verwüstet keine fremden Kulturen. So hätte es bleiben können.

Doch kann der Bravste nicht in Frieden leben, wenn es dem bösen Nachbarn nicht gefällt. Die Beschaulichkeit des Landlebens bleibt, historisch betrachtet, Illusion. Denn erstens rückt dem Ackersmann allerlei Gesindel auf den Leib, und zweitens kennt schon die Antike Öko-Katastrophen.

Von Umweltzerstörung erzählt Plato im vierten vorchristlichen Jahrhundert: Seine Heimat gleiche dem «Knochengerüst eines Leibes, der von einer Krankheit verzehrt» werde, die von den attischen Gefilden «nur das magere Gerippe» übriggelassen habe. Schon am Anfang der abendländischen Zivilisation also stand der Vernichtungskrieg gegen die Natur.

Die Griechen und vor allem die Römer vollbrachten erstaunliche Leistungen, wenn es darum ging, Wälder in Steppen zu verwandeln. Daran trug der Ackerbau noch die geringste Schuld. Viel holzfressender waren die wachsenden Städte und ihr Hunger nach Brennstoff – und die Flotten, Herzstück von Kriegs- und Wirtschaftsmacht der Antike. Während der knapp drei Jahrzehnte des Peloponnesischen Krieges machte Athen die grünen Hügel Attikas zum Schauplatz eines gigantischen Holzmordes. Auf die Idee, junge Bäume an Stelle der gefällten zu pflanzen, kamen die Flottenstrategen nicht.

Als die einheimischen Holzbestände zur Neige gingen, boomte der Import. Fortan lichtete Athens Holzhunger die Wälder Thraziens, Mazedoniens und sogar des entfernten Libanons. Wenn man dieses Holz in genügender Menge herbeischaffen wollte, brauchte man wiederum viel Holz, um die dafür nötigen Schiffe zu bauen. Der Holzkauf förderte den Austausch von Waren und damit den Ausbau der Handelsflotten – mehr Schiffe, größere Schiffe, noch mehr für die Äxte der Holzfäller. Der Holzwurm, der in diesem vorkapitalistischen Getriebe steckt, ist jene bittere Erkenntnis, die alles spätere Produzieren und Konsumieren bestimmen sollte. Sie lautet: Kein Aufbau ohne Raubbau. Schon der antike Konsum betrieb nach Kräften den Aderlaß an der Natur.

Zudem führt die Masse der Menschen zur Misere. Um Christi Geburt kämpft Rom mit allen Problemen, die uns heutzutage aus New York, Kalkutta oder Mexiko Stadt bekannt sind: Eine Million Bewohner beherbergt die Metropole auf und zwischen ihren sieben Hügeln. An schwülen Tagen wabert eine Dunstglocke menschlicher Abgase über der *urbs*, so daß den

Römern das Atmen zur Last wird. Plinius der Jüngere klagt angesichts verseuchter Flüsse, toter Fische, planlos wuchernder Siedlungen und abgeholzter Wälder kurz vor der Zeitenwende: «Was für ein Ende soll die Ausbeutung der Erde in all den künftigen Jahrhunderten noch finden? Bis wohin soll unsere Habgier noch vordringen?»

Wir wissen die Antwort: Des Römers Frage hat in knapp 2000 Jahren nichts an Aktualität verloren. Die Weltgeschichte bleibt seit seinen Zeiten, was sie war: ein Panoptikum von Kriegs- und Winkelzügen, Erfindungen und Entdeckungsreisen, Revolutionen und Reaktionen. Und immer ging's ums Geld.

Denn der *Konsumismus* wuchert allerorten, zu allen Zeiten, in allen Verkleidungen: wie zum Beispiel im Krieg. Die unerfreulichste Art des Reisens tarnte sich bis in die Geschichtsdeutungen des 20. Jahrhunderts mit allerhand ideologischem Tand: Da gab es den heiligen Krieg, den unvermeidlichen Krieg, den gerechten Krieg, den romantischen Krieg, den totalen Krieg um Lebensraum und den um UNO-Konventionen. Offiziell.

Der Aggressions-Tourismus Alexanders, Cäsars oder Napoleons hatte aber neben dem Drang der Feldherren nach Unsterblichkeit auch handfeste Gründe. Wenn der Krieg der Vater aller Dinge ist, so ist das Geld sein Sohn. Das Ceterum censeo, mit dem Cato seine Senatskollegen nervte, schleuderte er nicht dem geistigen Antipoden Karthago entgegen, sondern dem Konkurrenten um das Handelsmonopol im westlichen Mittelmeer. Also mußte es zerstört werden – um einer gesunden Produktion, einer blühenden Wirtschaft willen. So hielten es alle Nachfolger Roms: Macht sichert Rohstoffe, Rohstoffe sichern Produkte, Produkte sichern Märkte, Märkte bringen Geld – und Geld noch mehr Macht. Rasch hatte der Mensch die Lektion im Umgang mit dem Planeten gelernt, von dem er annahm, daß er der seine sei.

Wie es sich für eine Tragödie gehört, darf das retardierende

Moment nicht fehlen. Im Fall der Ausbeutung der Erde durch den *homo oeconomicus* war es das Mittelalter, oft «das finstere» gescholten. Finster war es vor allem für die Entwicklung von Produktion und Handel. Das glänzende Straßennetz der Römer verfiel, Aquädukte, Tempel, Thermen und Theater sanken in Vergessenheit ebenso wie alle kulturellen, technischen und administrativen Meisterleistungen der Antike. Handel und Gewerbe, Wissens- und Warentausch wurden unbedeutend – und damit auch die Umweltverschmutzung. Die Alte Welt schlief.

Daß das Mittelalter dennoch kein Hort der Glückseligkeit wurde, dafür sorgte eine neue Form der Mobilität: die Völkerwanderung. Mit ihrem modernen Erbe, dem Tourismus, verbinden sie der kollektive Aufbruch wie auf ein geheimes Kommando, die ungefähre Stoßrichtung nach Süden (vorzugsweise Italien), die Verdrängung von Sitten und Gebräuchen der Einwohner des Ziellandes, die Verwüstung der Transitstrecke sowie ein erhebliches Maß an Opfern während der Fortbewegung.

Am Brenner ging es in dieser Zeit ungefähr so zu wie heute im August; nur daß im 5. Jahrhundert kein Bummelstreik der Zöllner den Paß-Übertritt erschwerte.

Dem Produktions-Rückschlag des Mittelalters zum Trotz: Der Mensch blieb seinem Weg des maximalen Konsums treu – auch wenn er dabei über Leichen gehen mußte. Die Völker hatten sich gerade wieder eingerichtet, da bereicherte Papst Urban II. gegen Ende des 11. Jahrhunderts das Mobilitäts-Repertoire um eine weitere Variante: Er rief zu den Kreuzzügen auf. Mit dem Satz «Gott will es!» inszenierte er zugleich einen gigantischen Feldzug der europäischen Handelszentren gegen unliebsame Konkurrenz. Glanzstück: Im Streit der Moral mit der Marktbereinigung verhalfen die Venezianer der zweiten zum Sieg und leiteten den vierten Kreuzzug kurzerhand nach Konstantinopel um, damit es als Handelsgegner dauerhaft ausgeschaltet würde.

Im Spätmittelalter erfanden die Bankiers von Mailand, Bologna, Florenz und Pisa Scheck und Überweisung, Konto und Wechsel. Die Litanei aus dem Gebetbuch des Kapitalismus verbreitete sich rasch von den oberitalienischen Städten in die bekannte Welt und wurde Grundlage des aufblühenden bürgerlichen Erwerbsstrebens, das die Zukunft bestimmen sollte.

Denn jetzt geht's bergab mit Mutter Erde. Der Buchdruck revolutioniert die Kommunikation; Kolumbus entdeckt das falsche Indien und dafür das echte Amerika – mit dem ersten Besucher aus der Alten Welt ist das Ende der Hochkulturen eines ganzen Kontinents besiegelt. Magallanes umsegelt die Welt und beendet alle Spekulationen, daß die Erde eine Scheibe und an ihrem Rand von Ungeheuern bewohnt sei – also bitte schön, sie gehört wirklich uns!

Aus Ritterturnieren werden Kabinettskriege; Naturforscher und Wissenschaftler lösen Alchimisten und Quacksalber ab. Jetzt wird gewogen, gemessen, geprüft und befunden, entwikkelt, konzipiert und danach produziert. Der frühindustrielle Arbeiter gräbt sich in Schächten an das schwarze Gold heran, die Kohle; er trägt Berge ab, um Eisenerz zu schürfen, schlägt Schienenwege durch das Land der argwöhnischen Bauern und läßt auf diesen Wegen ein Feuerroß entlangreiten. Das bringt zehnmal, zwanzigmal schneller als jede Postkutsche Reisende und Waren ans Ziel, denn Zeit ist mit einem Male Geld. Man braucht Eisen und man braucht Kohle, man braucht Stahlpfannen und Gießformen, Dampfhämmer und Eisenbahnradreifen, Löffelwalzen für die Revolutionierung der Besteck-Herstellung und Chemiefabriken für die neuentdeckten Kunstdünger. Schneller, höher, weiter, die Produktion läuft, der Rubel rollt.

Irgendwann schließlich behalten nicht nur die Reichen allen Gewinn. Endlich verdient auch der Arbeiter mehr, als er fürs nackte Überleben braucht. Er verläßt sein menschenunwürdiges Loch und bezieht eine Wohnung in der Backsteinsiedlung.

Will er denn noch, daß alle Räder stillstehen? Beileibe nicht mehr! Der *Konsumismus* hat auch ihn erreicht – endlich!

So etwas macht immun gegen die Versprechungen künftigen Heils, wie der *Kommunismus* sie auszustreuen pflegte. Wobei diesem seine materialistische Wurzel mit der Zeit eher peinlich wurde – wahrscheinlich deshalb, weil seine Parolen um so lauter wurden, je weniger er die bescheidensten Wünsche seiner Klienten befriedigen konnte. Nur in einem erreichte der real existierende Traum einer klassenlosen Gesellschaft wirklich Weltniveau: in der Umweltverschmutzung. Im Ausmaß der Naturzerstörung läßt sich die Produktion in Bitterfeld, in Tschernobyl, am Aralsee kaum übertreffen.

So sitzt der kapitalistische Konsumismus heute unangefochten im Sattel wie nie zuvor. Die Produktion läuft auf den höchsten Touren – zumindest für diejenigen auf der reicheren Seite der Erdkugel. Der Mensch mag sich freuen; die Erde, die er sich untertan gemacht hat, weniger.

Vergleicht man das Alter der Erde mit dem Leben eines 45jährigen Menschen, dann hätte dieser Mensch die ersten Säugetiere vor acht Monaten vor Augen bekommen. Mitmenschen gäbe es für ihn erst seit wenigen Tagen. Vor einer Stunde hätte er den Ackerbau gelernt, vor einer Minute die industrielle Revolution entfesselt. Seit zehn Sekunden könnte er fernsehen. Vielleicht rettet ihn diese Fähigkeit davor, in weiteren zehn Sekunden tot zu sein.

3. Wie der Tourist den Erdball schändet

Was der Mensch mit der Produktion von Gütern noch nicht hat ruinieren können, zertrampelt er mit seiner Mobilität. Der Tourismus ist die größte Industrie geworden und als Naturzerstörer so schlimm wie nur noch die Landwirtschaft. Den Reisenden nützt das Reisen immer weniger; für die bereisten Landschaften und Völker wird es mehr und mehr zur Katastrophe.

Schrittmacher des Tourismus waren die Engländer, Weltmeister sind die Amerikaner und die Deutschen. Die Japaner holen auf. Wenn eines Tages die Chinesen kämen: dann würde alles Reisen jenes Ende nehmen, das es am ersten oder letzten Ferientag auf der Autobahn München–Salzburg längst genommen hat.

«Man sagt, die Reiselust der Deutschen habe mit einer epidemischen Krankheit viel Ähnliches; und es gibt tiefsinnige Moralisten, welche in dieser Krankheit einige zurückgebliebene dunkle Spuren von der ehemals berüchtigten Wanderung der deutschen Nation zu finden glauben.» Den deutschen Schriftsteller Gottfried Schütze, der das vor mehr als zweihundert Jahren schrieb, würden wir am liebsten zu einem Ausflug einladen: Am Wochenende vor Ostern in die Charter-Abflughalle des Münchner Flughafens, zu Pfingsten auf einen Aussichtsposten auf einer Autobahnbrücke, die sich über die A 9 zwischen Nürnberg und München spannt, an irgendeinem Samstag im Juli oder August auf die Bahnsteige des Kölner Hauptbahnhofs. Der Mann würde staunen.

Die Liebe zur Scholle ist dem «Alle Mann los – egal wohin!»

gewichen. An die vierzig Millionen Deutsche verreisen alljährlich für fünf Tage und mehr. Allein im Ausland gaben sie 1994 rund 65 Milliarden Mark aus. Die Deutschen leisten sich ein Siebentel aller Reiseausgaben der OECD-Länder; nur die dreimal so zahlreichen US-Amerikaner hauen in den lautesten Wochen des Jahres noch mehr auf den Kopf.

Längst ist der Tourismus der größte Wirtschaftszweig der Welt. Rund 3,5 Billionen Dollar – 3500 Milliarden – setzen Hotels und Fluggesellschaften, Eisenbahn und Omnibus, Autovermieter und Fährlinien mit dem Fortbewegungsdrang um. Nach Berechnungen des *World Travel & Tourism Council* erwirtschaftet die Branche damit mehr als sechs Prozent des Bruttosozialprodukts der Menschheit. 127 Millionen Beschäftigten bietet das Gewerbe Lohn und Brot; 6,5 Prozent aller Arbeitsplätze auf unserem Planeten sind schon vom Tourismus abhängig. Es sollen noch mehr werden: Fast 160 Millionen Menschen, so schätzt die Tourismus-Vereinigung, könnten es im Jahr 2005 sein, den dann angepeilten 800 Millionen Touristen zuliebe.

Grenzen des Wachstums? Nie gehört. Zu Beginn der neunziger Jahre entdeckte der Generalsekretär der *World Tourism Organisation*, Antonio Enriques Savignac, noch gewaltige Reserven für den Reisemarkt. 87 Prozent der europäischen Neu-Nomaden besuchten nur eines ihrer Nachbarländer, sagte er auf der Internationalen Tourismus-Börse bedauernd in Berlin. «lediglich 17 Prozent» der Amerikaner verließen die Grenzen ihres Landes, gar «nur 9 Prozent» der Japaner trauten sich ins Ausland, und «nur 20 Millionen» Westler fänden bis dato den Weg in osteuropäische Staaten.

Die erste internationale Tagung für globale Tourismus-Politik, veranstaltet vom *International Forum for Tourism Policy* der George-Washington-Universität, kam 1990 zu einer bedrohlichen Erkenntnis: Die Anzahl der Hotelzimmer wird sich bis zur Jahrtausendwende annähernd verdoppeln, Asien und Ozeanien werden als neue Reiseziele die alten Hochburgen des

Fremdenverkehrs in Europa ablösen, und der sogenannte «grüne Tourismus» wird den letzten Rückzugsgebieten der Natur den Garaus machen.

«Jedermann reist», klagte schon Theodor Fontane 1873. Siebzehn Jahre später konstatierte *Meyers Konversationslexikon*, das Reisen habe sich «im Laufe der Zeit und mit dem Fortschreiten der Zivilisation in einer staunenswerten Weise entwickelt, namentlich im Anschluß an die Vervollkommnung der Verkehrsmittel und die durch verbesserte internationale Beziehungen gewährleistete Sicherheit der Reisenden». Heute sind wir soweit, diesen Fortschritt zu bedauern.

Eisenbahn und Dampfschiff schaufelten seit Mitte des letzten Jahrhunderts immer mehr Menschen immer schneller von Stadt zu Stadt, von Land zu Land und nahmen so den Wegelagerern vom Schlage des Schinderhannes oder des bayerischen Hiasl ihren natürlichen Lebensraum. Denen möchte man zugute halten: Wie viele unnütze Ortsveränderungen habt ihr durch eure Plünderungen verhindert!

«Partire e un poco morire», reisen heißt ein bißchen sterben, reimten reiselustige Italiener. Sie wußten, was sie auf der Straße oder auf See erwartete. Ein Testament zu verfassen gehörte noch im 18. Jahrhundert zur Reisevorbereitung wie heute das Rucksackpacken. Oft geriet der frühe Tourismus zur Reise ohne Wiederkehr.

Der Kunsthistoriker Johann Joachim Winckelmann fiel 1768 in Triest einem Raubmord zum Opfer. Johann Gottfried Seume, der sich als einer der ersten bekannten Reisenden ökologisch verträglich, nämlich zu Fuß von Deutschland nach Syrakus aufmachte, berichtet von aufgebrachten Sizilianern, die des Nachts in sein Albergo einbrachen, um ihn zu erschlagen, weil sie ihn für einen französischen Spion hielten. In der Postkutsche überfallen, mit Achsbruch liegengeblieben, mit der «Titanic» am Eisberg zerschellt, im Feuerball des Luftschiffs «Hindenburg» verbrannt – Hals- und Beinbruch gehörten immer zum Beförderungsrisiko.

Ein paar Jahrzehnte lang schien dieses Risiko gebannt; nun, gegen Ende des Jahrhunderts, flammt es wieder auf. 1992 nahmen zum erstenmal islamische Fundamentalisten einen Touristenbus unter Feuer, in Ägypten; fünf Urlauber wurden verletzt. Eine 29jährige Deutsche berichtet: «Wir konnten uns nicht mal zu Boden werfen. Der Gang war mit Gepäck verstopft. Wir waren den Schüssen hilflos ausgeliefert.» Die Diagnose im Krankenhaus ergab Bauchdurchschuß und starken Blutverlust.

1993 erschießt ein Filipino auf der Insel Mindanao einen 66jährigen deutschen Touristen auf offener Straße, Diebe ermorden einen 33jährigen aus Bad Salzuflen in Guatemala, eine 16köpfige deutsche Reisegruppe wird in Nord-Thailand ausgeraubt. Dramatisch die Berichte aus Florida: Innerhalb von sieben Monaten sterben im amerikanischen «Sonnenstaat» sieben Touristen bei Überfällen, darunter vier Deutsche. Vier- bis fünftausendmal pro Jahr melden sich bei deutschen Botschaften und Konsulaten Landsleute, die ausgeraubt wurden oder verunglückt sind. Wie viele Touristen insgesamt zu Opfern werden, weiß niemand.

An immer mehr Ecken dieser Welt gärt es. Südosten der Türkei? Kein Platz für Touristen. Sri Lanka? Gern, aber nur mit kugelsicherer Weste. Baskenland? Bombenstimmung. Südafrika? Mit Panzerglas ganz erträglich. Der New Yorker Stadtteil Bronx ist schon seit Jahrzehnten eine *no-go-area*. Ex-Jugoslawien kann man ohnehin vergessen. Vielleicht wird der freiwillige Wechsel von Ort zu Ort am Ende unseres Jahrhunderts wieder zu dem, was er bis zur Erfindung der Eisenbahn war: eine Tortur.

Was freilich nicht bedeutet, daß die Reiselust nachlassen müßte; Sicherheit und Ruhe sind ja die Geschwister der Langeweile. Das Reisen war einst ein Nervenkitzel und scheint es wieder zu werden. Die Touristen *wollen* es «schneller, schriller, härter», lautet die Prognose der Tourismusforscher. Zu den klassischen Abenteuer-Sportarten wie Klettern, Drachen-

oder Segelfliegen gesellen sich zunehmend überkandidelte Bewegungsarten wie Triathlon, Tiefseetauchen, Überlebenstechnik – und auch das Durchfahren donnernder Stromschnellen im Schlauchboot findet Anhänger, zumal seit man es *River Rafting* nennen darf.

Immer mehr regiert dabei die Kurzatmigkeit, die Gier nach Abwechslung im Zwei-Stunden-Takt. «Hopping» nennen das die Amerikaner, die den Europäern immer schon eineinhalb Trends voraus sind. Gehoppt wird allerorten: Großstädtisches Gesellschaftsvergnügen ist das «Party-Hopping» – die Unsitte, dem Gastgeber nach spätestens zwei Stunden klarzumachen, daß man noch woanders eine dringende Einladung habe. Wer hoppt, ist hip!

Das gilt auch fürs Reisen. Mit «Island-Hopping» treffen Reiseveranstalter den Nerv der neunziger Jahre. Zwei, drei oder noch mehr Ferieninseln können als sogenannte «Entdecker-Kombination» gebucht werden. Und im Winterurlaub? Auf in die Berge mit dem «Drei-Länder-Skipaß, dem Angebot für Pistengourmets». Schneevergnügen im Six-Pack, schneller, höher, weiter – der Genießer ist atemlos, aber er verschnauft nicht mehr.

Wer denkt noch daran, daß Sozialpolitiker und Gewerkschaften den «Urlaub für alle» einst durchsetzten, damit Arbeiter und Angestellte sich von harter Arbeit *erholen* konnten – ja daß die Arbeitnehmer dem Gewährer des Urlaubs nach geltendem Arbeitsrecht die Erholung *schuldeten*! Körperliche Erholung brauchen heute die wenigsten, und daß sie in den Ferien meist ungesünder gelebt haben als zu Hause, hält niemand ihnen vor. Es ist der ermattete oder gelangweilte *Geist*, der nach Urlaub verlangt.

Die Ortsveränderung soll indessen nicht etwa mit dem Wechsel lieber Gewohnheiten einhergehen. *Wurstel und Kraut* möchte man an der Adria finden und Löwenbräu auf Mykonos. Der König der Gewohnheitstiere aber ist der gemeine Camping-Fan. Der Schnecke gleich, die ihr Haus mitschleppt, hängt sich der Wohnwagen-Fahrer sein Zweit-Haus auf Rädern an den Haken, Häkel-Deckchen inklusive, und reiht sich in die Karawane Gleichgesinnter ein, die er auf dem nächsten Platz als Nachbarn wiederfindet. Und wer ganz auf Nummer Sicher geht, wählt als Urlaubs-Standquartier einen jener festungsartigen Campingplätze an der Adria, die durch Drahtverhau und Eingangssperren gegen Konfrontation mit dem Gastgeberland gesichert sind.

Mag es eine schwierige Frage für Psychologen, Soziologen, Philosophen sein, was die Touristen *sich selbst* antun – offenkundig ist, was sie dort anrichten, wo sie Ferien machen; und fast immer ist es zum Erschrecken.

Der Skifahrer braucht saubere Pisten, also werden Felsen weggesprengt und Wälder abgeholzt. Der Tourist braucht komfortable Hotels, und die wiederum brauchen Platz – also verschwinden ganze Landstriche unter Betonbunkern wie an den Mittelmeerküsten Spaniens, Italiens oder der Türkei. Mittlerweile jedoch übt der Vorsitzende der Hotelvereinigung des türkischen Marmaris, einer Stadt, die früher mit ihren immergrünen Fichtenwäldern warb, öffentliche Selbstkritik: «Die Wälder sind den Hotelkomplexen zum Opfer gefallen», klagt er zerknirscht. «Hätten wir doch statt 50 000 nur 20 000 Betten gebaut und dafür die Natur gerettet!»

Noch schlimmer jedoch ist, was der Tourist dem Frevel hinzufügt, zu dem er die Einheimischen verleitet hat. Denn der Gast bricht zu allem Überfluß aus seinem goldenen Käfig aus, um auch noch jene Reviere seiner Urlaubs-Umwelt zu erobern, die vom Bauboom der Einheimischen unberührt geblieben waren – zumal am, überm und unterm Wasser. Dies, zum Beispiel, im Roten Meer. Hier finden sich Korallen, die höher sind als das World Trade Center: Bis zu 700 Meter hoch wachsen die Labyrinthe aus Kalk; Tausende von Jahren brauchte die Natur, um sie aufeinanderzutürmen.

Nur einen Bruchteil der Zeit braucht der Tourismus, um sie zu verwüsten. In Hurghada, einst ein Fischerdorf am Roten

Meer, stehen in der Hochsaison zur Jahreswende jeden Tag 2000 Taucher Flosse bei Fuß, um den üppigen Korallengärten den Garaus zu machen. Das geschieht nach der Logik des Massentourismus folgendermaßen: Sobald die Taucher an Bord sind, starten die Motorjachten ihr Wettrennen um die besten Sight-Seeing-Plätze. In Spitzenzeiten, so berichtet *Die Woche*, schrammen «in einer einzigen Stunde über dreißig schwere Anker in die hochempfindlichen Korallen eines einzigen kleinen Riffs».

Und dann schnallen bis zu 150 Taucher gleichzeitig Preßluftflasche und Atemmaske an, um die Korallenoberfläche touristisch abzugrasen. Ein einziger Flossenträger berührt pro Tauchgang durchschnittlich siebenmal das Riff und beschädigt es dabei. Fische und Kleintiere verlieren ihren Lebensraum, wandern ab oder sterben aus. Konsum klasse, Korallen kaputt.

Wo solch eine Ausbeutung der Natur endet, hat die thailändische Regierung vorgemacht: Die ließ Ende der achtziger Jahre mit Millionen-Aufwand Korallenriffe aus Plastik hochziehen, weil die echten Korallen teils von dynamitverliebten Fischern, zunehmend aber auch von tauchenden Touristen ruiniert worden waren. «Aktiv-Urlaub» oder «Abenteuer-Urlaub» heißt eben: bei der abenteuerlichen Zerstörung der Natur besonders aktiv sein.

Die Hinterlassenschaft der touristischen Invasoren verschandelt mittlerweile die entlegensten Winkel der Welt. 1992 leitete der englische Bergsteiger Nick Meson eine 24köpfige Mannschaft, die den Makalu in Nepal bestieg und gleichzeitig von Abfall säuberte: sechs Tonnen Papier und Müll, die frühere Expeditionen in den Flanken des Berges hinterlassen hatten; allein 700 Kilogramm Büchsen, Plastik, Flaschen, Gas- und Sauerstoff-Behälter schleppten Träger bis nach Katmandu hinunter.

Den Müll, der sich rings um den Mount Everest angesammelt hat, schätzt der nepalesische Bergsteigerverband auf sechzehn Tonnen: Glasscherben, Plastiktüten, Blechdosen, Gaszylinder, Kleider, Papier, Arzneimittel, Schlafsäcke, Zelte, Seile und Batterien. Nicht zuletzt deshalb kündigte Nepal an, die Gebühr für die Ersteigung der höchsten Müllkippe der Welt von 10 000 auf 50 000 Mark zu erhöhen. Damit sollen künftig nur noch Qualitätsbergsteiger, die ihren Dreck auch wieder mit nach Hause nehmen, zum Sturm auf den Thron der Götter zugelassen werden.

Der Erstbesteiger des höchsten Berges, Sir Edmund Hillary, will gar eine vieljährige Totalsperre des Everest, damit die geschundene Natur sich wieder erholen könne. Am 10. Mai 1993 standen 37 Bergsteiger auf dem Gipfel, womit er den Anschluß an Großglockner und Matterhorn gefunden hat.

Wo er auch hingeht, der Tourist, da wächst kein Gras mehr. 50 000 Öko-Enthusiasten durchstreifen jährlich auf der Suche nach den letzten unberührten Flecken dieser Erde die einzigartigen Galápagos-Inseln; eine Überlastung des empfindlichen Öko-Systems, von dem ein Reiseführer konstatiert: «Wer das einmalige Naturparadies wirklich schützen will, muß daher von einer Reise auf die gefährdeten Inseln abraten.» Abenteuer-Reisende suchen per Hubschrauber die Regenwälder heim, blubbern mit Passagier-U-Booten an Schiffswracks vor Gran Canaria vorbei, lärmen mit Motorbooten durch die Everglades in Florida oder brettern mit dem Jeep durch afrikanische Nationalparks.

In der südtürkischen Dalyan-Bucht erweist sich die ganze Perversion des Bio-Tourismus: Dort hatten Naturschützer den Bau eines Hotels verhindert, weil sich die seltene unechte Karett-Schildkröte die Bucht als Brutgebiet ausgesucht hatte – mit der Folge, daß das Hotel zwar ungebaut blieb, doch die Publicity 1989 mehr als 100 000 Neugierige in die Bucht lockte, wo sie Dieselschwaden, Cola-Dosen, Sonnenmilchflaschen und Exkremente hinterließen. Wegen der kurdischen Bombenleger sind es inzwischen weniger geworden.

Noch schlimmer als der Freizeitmensch sind seine Sportgeräte. Schlauchboote jagen ihren Freizeitkapitänen mehr Schadstoffe in die Lungen, als ein Jogger in der Großstadt einatmet. Die Mengen an chlorierten Kohlenwasserstoffen, giftigen Lösungsmitteln und PVC-Weichmachern, die aus solchen Gummiwülsten dünsten, überschreiten zum Teil die maximal zulässige Arbeitsplatzkonzentration in Vulkanisierbetrieben.

Tennisplätze entpuppen sich oft als dioxin- oder schwermetallverseuchte Sondermüllkippen, Reiter wirbeln chromgeschwängerten Staub aus dem Sand ihrer Sporthallen auf. Der Quarzsand von Kunstrasenplätzen wird mittlerweile verdächtigt, Auslöser von Silikose zu sein – einer tödlichen Lungenkrankheit, die bisher nur Bergleute befiel. Und in manchen Surfboards lauern jene giftigen Kunststoff-Restposten, die kein Recycler mehr verwenden wollte.

So tut der moderne Tourist das Mögliche, um den ursprünglichen Sinn des Wortes *Reise* wachzuhalten: Sie war eine Heerfahrt und der *Reisige* ein berittener Söldner, der am liebsten plündernd durch die Lande zog. Die ersten *Weltreisen* waren selbstverständlich Kriegszüge: Kolumbus fing Indianer als Sklaven ein, Magallanes wurde auf den Molukken erschlagen; Francis Drake, der zweite Weltumsegler, war Pirat im Dienst der englischen Königin; und der dritte, Thomas Cavendish, berichtete nach seiner Heimkehr 1588:

«Auf dieser Reise habe ich alle reichen Stätten der Welt, die die Christenheit nur kennen kann, entdeckt oder wenigstens sichere Kundschaft über sie erlangt. Ich segelte die Küsten von Chile, Peru und Neu-Spanien entlang und machte große Beute. Ich verbrannte und versenkte neunzehn Segelschiffe, groß und klein. Alle Dörfer und Städte, in denen ich an Land ging, raubte ich aus und verbrannte sie.»

Cavendishs moderne Nachfolger verbrennen keine Städte mehr, aber verbrannte Erde hinterlassen sie doch. Viel schlimmer als in Wallensteins Lager sieht es bisweilen am Prager Hauptbahnhof aus, wenn sich die zahllosen Rucksacktouristen aus aller Welt zur Nachtruhe betten. (Wahrscheinlich gab's bei Wallenstein mehr Latrinen.) Eine Messe im Veitsdom zu besuchen gerät angesichts der Touristen-Horden zum absurden Theater.

Der Tourismus sei «eine der großen westlichen Seuchen», schrieb der Reiseschriftsteller Gerhard Nebel schon 1950. «Die Schwärme dieser Riesenbakterien, Reisende genannt, überziehen die verschiedensten Substanzen mit dem gleichförmig schillernden Thomas-Cook-Schleim, so daß man schließlich zwischen Kairo und Honolulu, zwischen Taormina und Colombo nicht mehr recht unterscheiden kann.»

Wie aber könnte die Zukunft des Reisens aussehen? Einen kleinen Schritt in die richtige Richtung unternimmt seit einigen Jahren das *Japan Travel Bureau*, wenn es Touristenbusse voller Ausländer zum heiligen Berg Fudschijama schickt: Da reisen regelmäßig ein Fernsehapparat und zwei Video-Kassetten mit. Auf der einen finden sich Karaoke-Schnulzen von «My way» bis «Let it be», die ein rühriger Reiseleiter den erschöpften Passagieren auf der Rückfahrt zum besten gibt.

Die zweite Kassette zeigt nur eines, das aber aus den verschiedensten Blickwinkeln: den Fudschijama von oben aus dem Flugzeug. Von unten mit Schneehaube. Von der Seite ohne Schneehaube. Von vorn mit Kirschblütenzweig, von hinten ohne – eine halbe Stunde lang. Der Grund für die Video-Darbietung des Reiseziels: An den meisten Tagen macht sich der 3776 Meter hohe Haufen scharfkantiger Asche-Brocken, Ziel der Touristenbegierde, in Wolken unsichtbar. Doch da sei der Reiseleiter vor: Wer sich die Mühe macht, hinzufahren, soll ihn auch sehen – und so vielgestaltig sähe er ihn, wenn die Wolken ihn freigäben, nie.

Der Linienbus von Bandung nach Djakarta (Indonesien) war schon 1984 ein Stück weiter: Die Fahrgäste bekamen nicht das zu sehen, was sie bei klarem Himmel auch live hätten sehen können – sondern einen Western aus Hollywood. Und das in dieser märchenhaften Landschaft! seufzte der Pädagoge Hartmut von Hentig, der den Vorfall schildert.

So modern beide Omnibusse mit dem Video-Recorder um-
gehen – in der entscheidenden Hinsicht sind sie von vorgestern: Sie schaufeln Menschen über Land. Ein viel größerer
Schritt in die richtige Richtung wurde hier im ersten Kapitel
vorgestellt: Statt der Menschenmenge reist stellvertretend nur
noch ein Kamerateam nach Rio de Janeiro.

In der Tat hätten auch jene Touristen zu Hause bleiben
können, die, von Zehntausenden ihresgleichen umringt, mä-
ßig beeindruckt am Rande des Grand Canyon standen. Am
Abend aber, berichtete die *Zeit* 1989, da gab es auf einer Rie-
senleinwand «einen dreidimensionalen Film über den Grand
Canyon, wie er vor hundert Jahren war. Ohne Touristen, dafür
mit Indianern und Pfadfindern. Im Quadrosound tönen rauschende Stromschnellen und Vogelrufe durch den Saal. Die
Zuschauer rasen im sich wild überschlagenden Schlauchboot
durch den Canyon und gleiten als sanfte Drachenflieger mit
den Adlern durch die Schluchten. Einigen wird schwindlig. Ein
Kind schreit, Erwachsene stöhnen. Noch auf der Heimfahrt
brausen Beifallsstürme und ‹Super›-Schreie durch den Bus.»

Könnten nun auch noch die Kameraleute zu Hause bleiben
und damit den dritten, den konsequentesten Schritt in die Zukunft des Reisens tun? Sie können – falls ein paar Techniker ein
für allemal die Vorarbeit geleistet haben. Kleine Lösung: Der
Sender *Vox* zeigt die ganze Nacht hindurch rauschende Mee-
resbrandung. Größere Lösung: Im Auftrag von *3sat* und den
Fremdenverkehrsverbänden sind fünfzig Fernsehkameras an
den touristisch schönsten Punkten Österreichs fest installiert
und machen einen automatischen Schwenk über die Landschaft – jeden Morgen, live, mit aktuellen Angaben über
Temperatur, Luftfeuchtigkeit und Schneehöhe; und diese Sendung ist ebenso billig wie beliebt.

Erfrischenderweise wird der Zuschauer so auch über
schlechtes Wetter informiert, er sieht Bergstümpfe im Nebel
und Regentropfen auf der Linse – wofür dem Veranstalter ein
dreifacher Dank gebührt. Zum ersten teilt er die aktuelle

Wahrheit mit, anders als die stets sonnendurchfluteten Prospekte. Zum zweiten legt er vielen zuvor Ausflugswilligen nahe, lieber zu Hause zu bleiben. Und zum dritten gönnt er den Daheimgebliebenen die schadenfrohe Genugtuung, sich nicht kostenaufwendig in solches Wetter begeben zu haben.

Noch nicht realisiert, aber in der Planung ist der ganz große Schritt weg vom körperlichen Reisen: An allen schönen oder typischen Straßen eines bevorzugten Fremdenverkehrsgebiets, sagen wir der französischen Riviera, wird auf Masten eine Kette von Fernsehkameras installiert, die, nacheinander abgerufen, dem Zuschauer ein lückenloses Fahrerlebnis vermitteln. Zu seiner Fernbedienung kommt eine Art Gaspedal, mit dem er selbst entscheiden kann, wie schnell oder langsam er die Fernsehstraße entlangfahren möchte, und ein Lenkrad, das es ihm erlaubt, an jeder Kreuzung zu bestimmen, wohin die Reise weitergehen soll.

Die Kosten für solche Fernsehketten wären hoch, kein Zweifel – doch lächerlich gering im Vergleich zu den Milliarden, die wir für das Herumreisen in der wirklichen Welt verjubeln. Vielleicht müßte man anfänglich 50 Mark hinblättern für zwei Stunden Fahrvergnügen steil überm Mittelmeer, warum auch nicht – bei solcher Wollust für die Augen, bei solcher Freiheit von streikenden Fluglotsen, von Stau und Gestank!

Selbst entlegenere Vergnügungen als der unschuldige Landschaftsgenuß lassen sich beim körperlosen Reisen zum Wohl aller Beteiligten besser befriedigen – zumal im Interesse der Bereisten. Die übelste Art des real existierenden Tourismus nämlich ist jener blühende Geschäftszweig, der in der sexuellen Ausbeutung von Frauen, ja Kindern besteht. Hinweise in Reisekatalogen auf «ungezwungenen, legeren Strandurlaub» oder Unterkünfte, die «für Familien nicht geeignet sind», gelten in Männerkreisen als Code. Pädophil Veranlagte, die in Europa aufgrund der Schutzvorschriften für Kinder kaum noch zum Zuge kommen, nutzen Armut und Unterentwicklung in Ländern der Dritten Welt, um ihren Trieb abzureagieren. Vom brasilianischen Charterziel Recife gibt es neuerdings Anschlußflüge in den bettelarmen Bundesstaat Rio Grande do Norte: «Die sind immer proppenvoll», heißt es in einer Mitteilung der Hilfsorganisation *Terre des Hommes.* «Dort steigen die Kunden mit Spielzeug und Kuscheltieren unter dem Arm als Geschenk für die Kinder aus den Maschinen.»

Da sollte wohl wirklich Schluß sein mit der beliebten Mäkelei an Porno-Videos und jenen Sexspielen aus dem und mit dem Computer, die wir uns im zehnten Kapitel betrachten müssen.

4. Vorwärts
in den Stau

Ja, gewiß, wir kennen das alles, die Luftverpestung und das manchmal hoffnungslose Geschiebe auf den Straßen. Sich das volle Ausmaß dieses öffentlich geduldeten Unfugs kurz noch einmal klarzumachen kann jedoch ein entscheidender Beitrag dazu sein, der Vernunft zu jenem Durchbruch zu verhelfen, für den dieses Buch plädiert. Auch kommen in den bisher gesammelten Erfahrungen und Statistiken zwei Wahrheiten zu kurz: die über den Stauberater und die über das Risiko des Reisens mit Silikon im Busen.

Wie war das am 16. Juli 1994 auf der Autobahn zwischen Berlin und Nürnberg? 100 Kilometer Kriechverkehr bei 30 Grad im Schatten. Glücklich jene Stubenhocker, die sich bei solchen Nachrichten in die Polster räkeln und am Stau, wenn überhaupt, nur per TV teilnehmen! Das verschafft jene tiefe Befriedigung, die allein die Schadenfreude bieten kann.

Die «Couch potatoes» freuen sich zu Recht. Sie haben die Zeichen der Zeit erkannt: Die mobile Gesellschaft ist am Ende. Sie erstickt an sich selbst – an dem Massenwahn, jeder Mensch, jede Ware müsse an jeden Ort dieser Welt verfrachtet werden können. Bis zum Jahre 2010 wird die Zahl der Privatautos auf deutschen Straßen von 39 auf schätzungsweise 46 Millionen wachsen. Gleichzeitig wird laut Prognose des Bonner Verkehrsministeriums der Güterverkehr auf der Straße um 95 Prozent zunehmen, der Transitverkehr durch Deutschland hindurch wird sich bei Gütertransporten verdoppeln und im Personenverkehr um 80 Prozent steigern. Die Erde könnte im Jahre 2025 von zwei Milliarden Autos vollgestänkert werden.

Da stellt sich die Frage: Wo finden diese Massen Platz? Schon heute geht auf deutschen Straßen vielerorts nichts mehr. Der Ökologische Ärztebund errechnet, daß der Durchschnittsautomobilist jedes Jahr 65 Stunden im Stau verbringt. In Autoschlangen und vor roten Ampeln verpulvert ein Pendler aus dem Umland, der zur Arbeit nach Hamburg, Düsseldorf oder Stuttgart fährt, eineinhalb Arbeitswochen pro Jahr. Rund zweieinhalb Milliarden Liter Sprit vergasen alljährlich bundesweit bei Tempo Null. Wie viele Wohnzimmer könnte man mit dieser Energiemenge kuschelig heizen, zur Freude jener Mitmenschen, die Mief, Streß und Karambolage meiden?

Doch unbeirrt gibt sich der Mensch immer neuem Transportwahn hin. Rinder und Schweine werden durch ganz Europa zu den entlegensten Schlachthäusern gekarrt, nur weil EG-Prämien locken. Kartoffeln dieseln per Brummi von Bayern über den Brenner, weil Waschen und Schälen südlich der Alpen weniger kostet als Hin- und Rücktransport. Statt einer dezentralisierten Nahrungsmittelproduktion, nach dem Rohstoffangebot der Jahreszeiten ausgerichtet, verlangt die Ideologie des Konsumismus, jedes Produkt zu jeder Zeit an jedem Ort bereitzuhalten: Erdbeeren im Januar, Ananas aus Taiwan, Flugreisen für Weintrauben aus Südafrika und Äpfel aus Neuseeland.

Um die Luft steht's ohnehin nicht zum besten. Der Straßenverkehr pustet hierzulande mittlerweile rund sechzig Prozent aller Luftschadstoffe in die Atmosphäre. Zwei Drittel der krebserregenden Kohlenwasserstoffe und über die Hälfte der Stickoxide und des Schwefeldioxids – von der Wissenschaft vor allem anderen für das Waldsterben verantwortlich gemacht – stammen aus Auto-Auspuffrohren; ebenso ein Drittel des Kohlendioxids. Rechnet man dazu jene Abgasmengen, die bei Produktion und Verschrottung des Mobils entstehen, so pusten die deutschen Autofahrer jedes Jahr fast 240 Millionen Tonnen Kohlendioxid in den Himmel. Und ist der Temporausch vorbei, hat der Dreck noch längst kein Ende – es bleibt ja nicht beim Autowrack: Über 25 Tonnen Abraum, Schlacke, Schredder-Reste, Kunststoffe hinterläßt ein Autoleben von der Erzschmelze für das Stahlblech bis zum Blechpaket nach dem Ausschlachten.

Und das alles nur, damit wir unterwegs sein können – ganz egal, wie albern der Anlaß dafür sein mag. Allein tausend sogenannte wichtige nationale Sportereignisse pro Jahr listet der Deutsche Sportbund auf; 50 000 Vereinsfeste, die besucht werden wollen, kommen hinzu. Schätzungsweise 300 Millionen Personenkilometer bringen deutsche Fußballfans zusammen, nur um ihrer Bundesligamannschaft zuzuschauen oder bei der anschließenden Randale die gegnerischen Fans aufzumischen. 91 große Messen bringen in Deutschland pro Jahr mehr als 8 Millionen Besucher auf die Beine, und kaum ein Kirchentag tut es mittlerweile unter 100 000 Betenden, die aus allen Winkeln zusammenströmen.

Und wehe, wenn die Superstars der Pop-Branche auf Achse gehen! Als Michael Jackson 1992 seine Welttournee startete, ließ er das Bühnenzubehör von der Größe eines Fußballfeldes in zwei Jumbo-Jets über den Atlantik verfrachten und mit 65 Sattelschleppern weitertransportieren. 233 Helfer reisten in dreizehn Bussen mit ihm durch Europa, um einen einzigen Menschen auf die Bühne zu bringen – den kein Fan so nah sah wie auf seinem Videoclip daheim.

Wer redet bei alldem von den Tausenden von Toten und den Millionen von Verletzten, die das Auto produziert? Wir seufzen kurz, dann geben wir Gas, mehr als 8000 Tote produziert der mobile Mensch in Deutschland jedes Jahr. Zu schweigen von den 70 000 Rehen, 120 000 Hasen, 200 000 Igeln und 600 000 Singvögeln, die er unter die Räder nimmt. Die Chance, im Straßenverkehr umzukommen, ist 30mal höher, als einen Sechser im Lotto zu gewinnen, wenn man jede Woche tippt. Jedes deutsche Auto frißt statistisch gesehen 820 Stunden Lebenszeit durch Unfalltod.

Nein, der natürliche Lebensraum des homo sapiens ist weder die Straße noch der sogenannte Sicherheitskäfig eines Automobils. Der Ort, an dem er seinem Prädikat sapiens, «weise», heute am ehesten gerecht werden kann, ist die Couch daheim. Der Rückzug in die eigenen vier Wände zeugt von Einsicht und Verantwortungsgefühl.

Fünfjährige lieben Achterbahn und Riesenrad, Schiffschaukel und Karussell. Der Freude an der Reizung des Gleichgewichtsorgans, bei Kindern altersgemäß, sind jene Gasfuß-Fetischisten nie entwachsen, die sich mit Lichthupe und Dreiklanghorn freie Fahrt ertrotzen. Ehe sie im Stau am Frust ersticken, naht, wenn sie Glück haben, auf dem Motorrad der *Stauberater*, ausgesandt vom ADAC – das Leitfossil der Blechlawinen-Ära und der Inbegriff der Narretei: Die Stauberater fahren die Endlos-Kolonnen festsitzender Autos ab und kühlen die Gemüter, wenn in einem vollgepackten und in der Juli-Hitze brütenden Wagen die Emotionen hochkochen. Da wird das Pferd beim Schwanz aufgezäumt – als ob man, statt Touristen vor Lawinen zu warnen, «Lawinenberater» engagierte, die die Skifahrer trösten, nachdem sie verschüttet worden sind! Es kann nur *eine* realistische Stauberatung geben, und die heißt: Ihr Narren – bleibt zu Hause!

Viel besser sieht's auch nicht bei denen aus, die von der Straße in die Lüfte flüchten. Zu Ferienanfang ist am Himmel kaum ein Platz mehr frei. Dennoch soll sich der Flugverkehr, berechnet auf der Basis von 1991, bis zum Jahre 2010 verdreifachen. Ein Grund dafür ist der ruinöse Wettbewerb unter den Anbietern, die ihre Kapazitäten, koste es was es wolle, auf dem Chartermarkt losschlagen. Ein zweiter Grund ist die Subventionspolitik: Flugsprit kostet nur ein paar Pfennige pro Liter. Umweltschützer kalkulieren, daß dieser Preis, rechnet man alle Folgekosten des Fliegers zusammen, nur ein Hundertstel der wahren Kosten deckt. Doch weil Fliegen billig ist, zieht's immer mehr Deutsche an Bord.

Der Lufttransport im Aufwind – mit der Luft geht's bergab: Fliegen ist schließlich die umweltschädlichste Methode, sich von A nach B transportieren zu lassen. Flugzeugabgase sollen nach den jüngsten Analysen zu einem Drittel an der weltweiten Temperaturerhöhung beteiligt sein – kein Wunder, wenn bei jedem Start pro Minute bis zu einer halben Tonne Kerosin verpufft. Eine Forschungsarbeit der Universität Trier weist nach, daß Mitglieder des Bundes Naturschutz keineswegs umweltschonender auf Achse gehen als sogenannte Normalreisende: Sie reisen sogar mehr als der Durchschnittsbürger, weiter weg und gern mit dem Flugzeug. Wer die Natur wirklich schützen wollte, würde ihr fernbleiben, statt sie zu bereisen, hilfsweise sie aber lieber in der Nähe von Lüneburg suchen als auf den Fidschi-Inseln.

Auf einen bis dahin ganz unvermuteten Vorzug des Nichtfliegens wies 1994 die Bildzeitung hin: Bei jenem Druckabfall in der Kabine, der die Sauerstoffmasken herunterfallen läßt, ist es vorgekommen, daß Silikonkissen in Frauenbrüsten platzten und sich zischend entleerten. Man kann gar nicht alles aufzählen, was dem erspart bleibt, der seine Traumreise auf dem Sofa macht.

5. Abschied vom Konsum-Wahn

Legen wir einen Moment die Füße hoch und blicken wir zurück. Das Bild ist nicht erfreulich: Wir sehen eine Menschheit, die dabei ist, mittels Konsum- und Mobilitätswahn ihren Planeten zur Strecke zu bringen; eine Menschheit, die Luft und Boden, Wald und Wasser, Pflanzen und Tiere zur Verfügungsmasse ihres Wohlstands degradiert hat.

Was wir uns wünschen müssen, ist eine Menschheit, die nicht rastlos lebt, sondern gelassen – und lieber noch ein bißchen träge als ewig gehetzt. Nicht Verschwendung heißt ihr Lebensprinzip, sondern Maß und Vernunft; also Abschied von der Ideologie des Konsumismus, des Machens und Verbrauchens um fast jeden Preis.

Das Gesetz des «mehr, schneller, höher, weiter» hat den Zivilisationsmenschen an den Abgrund geführt. Grenzen? fragt er. Welche Grenzen, bitte schön? Zwar hat schon Anfang der siebziger Jahre der *Club of Rome* das Menetekel der *Grenzen des Wachstums* an die Wand gemalt, doch keiner will es lesen. Der Biochemiker Erwin Chargaff spricht von dem doppelten Fluch, der die Welt vergiftet habe: «Was gemacht werden kann, muß gemacht werden» und «Was gemacht worden ist, muß verwendet werden». Wohlan.

Und dann die Werbung. Sie kurbelt die Konsum-Maschine erst richtig an. «Jemand, der etwas kauft, ist gut», sagt Neil Postman. «Wer viel verbraucht, ist besser. Wer alles kauft, was er kriegen kann, ist der beste und fast heilig. Und wer daran schließlich stirbt, hat gewonnen und gilt als Held.» Hans Magnus Enzensberger prangert in seinem Essay über den «Terror der Verschwendung» die fünfeinhalb Milliarden Mark an, die die Deutschen jedes Jahr allein für Heimtier-Nahrung verpulvern, gar nicht zu reden von den «Sitzlandschaften, Kaffeefahrten, Kindermodenschauen, Heckspoilern, Arbeitsessen, Surfbrettern, Kokaintütchen, Mobiltelephonen». Da ist mit Milliarden gar nicht mehr auszukommen.

Natürlich lieben wir den Überfluß mehr als die Kargheit, die Großzügigkeit mehr als den Geiz; und ist denn überhaupt Kultur denkbar ohne Übertreibung, Rausch und Fest? Kaum. Doch das Fest ist etwas Seltenes, das gelegentliche übermütige Heraustreten aus den Alltagszwängen. Der Größenwahn des Konsumbürgers am Ende des 20. Jahrhunderts zeigt sich darin, daß er die Ausnahme zur Regel macht und alljährlich 365 Feste feiert – wobei er natürlich nur noch gähnen kann. Jeden Tag vergeudet er mehr Sauerstoff und Blumenwiese, als unser Planet auf Dauer für ihn aufbringen kann.

Um ihr Luxusleben in Gang zu halten, verheizen die Industrienationen, in denen ein Fünftel der Weltbevölkerung lebt, 80 Prozent der weltweit verfügbaren Energie. Laut einer Untersuchung der Umweltorganisationen *Artists United for Nature* und *World Wide Fund for Nature* verbraucht jeder US-Amerikaner 25mal soviel Energie wie der Bewohner eines durchschnittlichen Entwicklungslandes. Dieser Konsum-Imperialismus produziert durch die weltweiten Transporte zudem Umweltverpestungen ohne Ende. Vier Milliarden Liter Öl schwappen Jahr für Jahr allein aus Bohrinseln, illegal gespülten Tanks oder havarierten Tankern ins Meer. 100 Millionen Liter Rohöl flossen aus dem Tanker *Braer*, der 1992 auf den Klippen der Shetland-Inseln zu Bruch ging – ziemlich viel für das Meer, ziemlich wenig für die USA: denn soviel verheizen sie in einer einzigen Stunde. Und jedes Jahr steigt der Energieverbrauch der Menschheit um zweieinhalb Prozent – unbekümmert um die Tatsache, daß die bekannten Vorräte von Öl und Erdgas in spätestens sechzig Jahren erschöpft sein werden.

Die Folgen des Konsumrauschs spüren wir am eigenen Leibe. Schon heute wabern 27 Prozent mehr giftiges Kohlendioxid in unserer Atemluft als vor Beginn der industriellen Revolution vor zweihundert Jahren. Die Menschheit heizt sich kräftig ein: Um 0,7 Grad ist im gleichen Zeitraum die Durchschnittstemperatur auf unserem Globus gestiegen. Orkanböen und Sturmfluten künden die Klima-Kippe an.

Die droht um so schneller, als der Rohstoffhunger des *Homo oeconomicus* zugleich global den Wald flachlegt. Vom Tempo-Taschentuch bis zur Bildzeitung verbraucht jeder Bundesbürger pro Jahr 200 Kilo Papier – 70mal so viel wie ein Schwarzafrikaner, auch 15mal so viel Stahl wie dieser und 10mal so viel Zement. Kämen die Menschen in den Entwicklungsländern auf den gleichen Verschwender-Geschmack, so würde die Welt-Nachfrage nach Energie auf das 200fache des jetzigen Standards emporschnellen.

Steigen wird sie ohnehin. Denn zur Lust an der Verschwendung gesellt sich schlicht die Masse. 1994 schätzten die Vereinten Nationen die Weltbevölkerung auf 5,7 Milliarden; die sechste Milliarde wird 1998, die siebente nur zehn Jahre später komplett sein. Für das Jahr 2025 rechnen die Statistiker mit einer Erdbevölkerung von 8,5 Milliarden. Nirgendwo zeigen sich die Probleme des Wachstums drastischer als beim Menschen selbst. Trotz Hunger, Massakern und Aids wächst die Menschheit jedes Jahr um 93 Millionen, mehr als es Deutsche gibt – das sind 7,75 Millionen im Monat; oder 255 000 Tag für Tag, so viel wie Kiel Einwohner hat; oder stündlich 10 600, so viel wie Berchtesgaden. Stündlich!

Der amerikanische Biologe und Bevölkerungswissenschaftler Paul Ehrlich warnt vor der Kombination aus Raffgier und Bevölkerungsexplosion: «Es besteht keine Hoffnung, die Zivilisation zu retten. Es sei denn, die Reichen wachten angesichts der Gefahren für die Erde endlich auf und leiteten Programme zum beschleunigten Bevölkerungsrückgang und eine vernünftigere Politik zur Nutzung von Rohstoffen bei sich ein.»

Merkwürdig nur, wie schwer es auch klugen Leuten immer wieder fällt, von dieser Einsicht die Brücke zum Lob des Bildschirms zu schlagen. Als 1965 in der Region New York einen ganzen Abend und die ganze Nacht lang der Strom ausgefallen war, stieg neun Monate später die Zahl der Geburten drastisch an: Klar, wenn man den Leuten das Fernsehen vorenthält, machen sie Kinder. Versorgt man dagegen die Menschen lückenlos mit Strom und Flimmerbildern, so entfernt man gleich beide Zünder aus der Kombi-Bombe: Sie produzieren weder Waren für die Raffgier noch Babys für die Bevölkerungsexplosion. Mit dem Konsumrausch zusammen erlischt der Zeugungswahn.

Taschentücher? Abschiedstränen? Schmerzlicher Verzicht? Nichts davon. Es heißt nicht «verzichten», wenn wir uns kein Treibhaus wünschen, das von Müll und Menschen überquillt. Keine Träne für den Manager, der in der Lufthansa-Lounge Champagner schlürft und in Tokio in seinen Mercedes, in London in seinen Bentley steigt. Noch der Stadtstreicher trägt mehr zum Wohl der Menschheit bei – er, der nichts produziert, wenig konsumiert und seine Mitwelt allenfalls mit einer Emission belästigt: seiner Schnapsfahne.

Um wieviel mehr der Menschenfreund, der die neue Fernseh- und Computer-Kultur genießt und zugleich heraufführen hilft, der fröhliche, seßhafte Retter des Planeten!

Die Chancen
der Kunstwelt

6. Was das Fernsehen
schon alles kann

Rund 40 Tage des Jahres verbringt der durchschnittliche Mitteleuropäer vor dem Fernsehapparat. 960 Stunden lang blickt er in ein Gerät, dessen Bildschirm etwa 60 mal 45 Zentimeter groß ist und dessen letzte einschneidende Verbesserung mit der Einführung des Farbfernsehens stattfand. Das allerdings ist auch schon wieder 25 Jahre her.

Zugegeben, es wurde viel gebastelt: Erst kam die Fernbedienung, dann der Stereo-Zweikanalton, schließlich Videotext, Kabel und Satellitenschüssel. Sie machten aus dem bescheidenen Schwarzweiß-Bildempfänger den Fernsehkonsumenten gehobener Klasse, der nun bequem vom Sessel aus «zappen», Video-Orgien verfolgen und am Bildschirm die Teletext-Zeitung lesen kann.

Doch das Fernsehen kann mehr. In der *Quantität*: 1987 zählte die Basler Prognos AG in Europa insgesamt 78 Fernsehprogramme; im Jahre 2000 prognostizierte sie, würden es weit über 100 sein. Dann stünden dem europäischen TV-Fan 600 000 Fernsehstunden pro Jahr zur freien Auswahl – über 1600 am Tag. Soweit die Vorhersage. Mittlerweile haben die Programm-Macher sie schon wieder überholt.

Anfang der neunziger Jahre plante der amerikanische Medienriese Time Warner ein Kabelfernsehnetz mit 150 Kanälen. Damit sich der Aufwand lohnt, wurde das System gleich für die USA und für Europa projektiert. 400 Millionen Dollar und nur zwei Jahre Zeit bewilligte sich der Mediengigant für sein ehrgeiziges Vorhaben, Glasfaserkabel in den New Yorker Untergrund zu buddeln.

Die Medienlandschaft steht vor einer Revolution, und Unternehmer wittern das große Geschäft. Glasfaserkabel und Satelliten nämlich können Daten in bislang kaum vorstellbarer Menge übertragen. Dank Digital-Technik lassen sich diese Daten zudem drastisch komprimieren – so stark, daß sie etwa Fernsehbilder durch eine ganz normale Telefonleitung pressen. Das bisher übliche Fernsehbild brauchte 90 Megabits pro Sekunde, eine enorme Datenmasse also. Computertüftler im Silicon Valley jedoch haben es geschafft, die Datenmenge auf 3 bis 7 Megabits pro Sekunde zu komprimieren.

Der Trick ist einleuchtend: Es werden nur noch jene Punkte eines Bildes übertragen, die sich auf dem Bildschirm im Vergleich zum letzten verändern; alles andere bleibt, wie es ist. «Damit kann man die Niagarafälle durch eine Wasserleitung fließen lassen», sagt Albert Ziemer, Technik-Chef des Zweiten Deutschen Fernsehens. Die Folge: Schon bald könnten dem Zuschauer 500 Programme ins Heimkino schwappen, selbst 1000 sind kein technisches Problem mehr – und die erwartet der Bertelsmann-Chef Mark Wössner denn auch in den nächsten Jahren in ganz Europa. «Dann können selbst die Aquarien-Freunde aus Recklinghausen und der linksrheinische Termitenzüchterverband ihr eigenes Fernsehprogramm schalten – wenn es sich finanzieren läßt», sagt Helmut Thoma, der RTL-Chef. 180 Kanäle beschert die Digitaltechnik seit 1995 europäischen Fernsehkonsumenten via Astra-Satelliten, von denen zur Mitte des Jahrzehnts mittlerweile fünf im Orbit kreisen.

«Die Träume aller Puschenkino-Freunde werden wahr» – so umschreibt die englische Wissenschafts-Zeitschrift *New Scientist* das Programm-Angebot der Zukunft. Denn wenn der Fernsehende der neunziger Jahre bald einige hundert Kanäle per Kabel oder Satellit auf seinen Bildschirm kriegt, verwirklicht sich jener Traum, den der bislang ohnmächtige TV-Kunde regelmäßig an jenen Abenden träumt, an dem seine Programmzeitschrift nur Schrott ankündigt – sein Traum nämlich, das Programm selbst zu gestalten.

Möglich macht das erstens das massenhafte Programm-angebot, aus dem der Dauerschauer seinen Lieblingsfilm im Dreißig-Minuten-Abstand zu jeder beliebigen Zeit abrufen kann, und zweitens eine Art Fernseh-Kreditkarte, «Smart Card» genannt. Von ihr wird, wie bei einer Telefonkarte, automatisch die Gebühr abgebucht, die für Krimi oder Kinderstunde fällig wird. Motto: Jeder sei sein eigener Programmdirektor.

Der Geschäftsführer des deutschen Pay-TV-Kanals Premiere, Rudi Klausnitzer, spricht daher von einer neuen Qualität des Fernsehens als Folge der Quantität. Egal, ob es jetzt 50 oder 150 Kanäle seien – von einer gewissen Menge an «wird aus der ehemaligen Gemeinschaftsantenne endgültig ein eigenes Medium mit einer eigenen neuen Angebotsdramaturgie, mit Angeboten, die weit von dem entfernt sind, was wir heute allgemein unter Fernsehprogramm verstehen». Die nahe Zukunft gehöre dem Telecomputer – einer Kreuzung aus Heimkino, Video-Recorder, CD-Player, Computer, Telefon und Faxmaschine.

Die «neue Angebotsdramaturgie», die Klausnitzer beschwört, besteht vor allem in einer neuen Programm-Variation: den Sparten-Programmen, die auch der RTL-Chef kommen sieht. Das Bedürfnis danach scheint groß: 66 Prozent der deutschen Fernsehzuschauer etwa wünschen sich laut einer Infas-Umfrage von 1993 einen zusätzlichen Nachrichtenkanal, zehn Prozent eine extra Porno-Frequenz und weitere zehn Prozent einen Kirchensender.

Erlaubt ist, was gefällt. In den USA findet der Fernsehkonsument schon heute die skurrilsten Sparten-Programme. Ein «Weather Channel» sendet Regen, Sonnenschein und Wind rund um die Uhr, auf dem «Military Channel» werden die Schlachten von gestern und heute geschlagen, «Hot and Heavy» bietet Peep-Show plus Telefon-Sex, und der «Wellness Channel» buhlt um die Gunst von Alkohol- und Nikotin-Abhängigen.

Neue Empfangstechnik macht also aus dem Pantoffelkino das Tor zur Welt. Vor allem das Kabel katapultiert die Zahl der Konsummöglichkeiten ins Unermeßliche. Mehr noch: Satellitenschüssel, Kupfer- und Glasfaserleitung transportieren die Fernseh-Fracht mit deutlich besserer Qualität ins Heimkino, als das die Antenne auf dem Hausdach könnte. Ungerührt von atmosphärischen Störungen gelangen die elektrischen Bilder aus aller Welt zum Bildschirm. Doch das soll erst der Anfang sein.

Kabelleger wie der *Kabel & Medien Service* denken schon an eine weitere Nutzung ihrer ursprünglich für TV-Empfang konzipierten Technik. So soll man zukünftig Gas-, Wasser- und Elektrozähler über das Kabel ablesen und Heizungen kontrollieren oder Alarmanlagen aus der Ferne überwachen können. Und selbst der Notruf per Kabel für Alte, Kranke oder Gebrechliche ist kein Problem mehr.

Auch an Bord des feinsten Dampfers der Welt darf die neue Fernsehtechnik nicht fehlen: Bei schlechtem Wetter überträgt sie den Blick von der Kommandobrücke auf den gischtumschäumten Bug der «Queen Elizabeth II» in jede der 900 Kabinen des Luxusliners – 24 Stunden am Tag, auf Kanal 3 des bordeigenen Kabelprogramms. «Die Realität des Passagiers ist die der Illusion», bemerkte der Literaturhistoriker Peter Wapnewski nach einer Reise mit der Queen dazu, eine «simulierte Wirklichkeit: ihrem Objekt überlegen».

In der Tat, neue Fernsehtechnik führt dazu, daß die Bilder auf dem Bildschirm die Wirklichkeit, die sie abbilden, übertreffen. Nicht nur durch die Vorzüge des Komforts und der Gefahrlosigkeit – sondern auch durch die wachsende Aktualität der Berichterstattung, möglich gemacht durch eine Ausrüstung, von der Fernsehleute noch vor einigen Jahren nur träumten.

Vorbei die Zeit, als noch zwei von fünf Zuschauern vor dem Bildschirm entschlummerten – wie deutsche Meinungsforscher ermittelten. Dafür ist es viel zu spannend geworden. Im

Lehnstuhl sitzend verfolgen wir die Luftattacken amerikanischer Bomber auf Bagdad live. Das schafft ein 400 Kilo schwerer Stapel von Aluminium-Koffern, der sich ebenso als normale Luftfracht im Jet oder Hubschrauber befördern läßt, wie er auf der Ladefläche eines Kleinlasters oder den Rücken einer Kamelkarawane Platz findet.

Heute braucht man keine Sendemasten oder viele Meter breite Parabolspiegel, keine Funkfelder oder containergroße Ü-Wagen, kein Netz von Zubringerleitungen oder Schalträumen, um auf Sendung zu kommen. Es genügt eine transportable Satellitenfunkstelle, die in weniger als zwei Stunden aufgebaut und eingemessen ist.

Fürs deutsche Fernsehen fand die Premiere während des Krieges in Afghanistan statt. Die mobile Sendeanlage des ZDF peilte zuerst den Kommunikationssatelliten Intelsat V über dem Indischen Ozean an. Weil dort kein Kanal frei war, landete der elektronische Strom zunächst in Hongkong, dann wieder bei Intelsat V und von dort über einen weiteren Umweg schließlich in Minutenschnelle bei der Erdfunkstelle Fuchsstadt. Auf üblichem Wege versendetes Filmmaterial aus Afghanistan war etwa eine Woche alt, bevor es die heimischen Bildschirme erreichte.

Mittlerweile gehört die Antennenschüssel hinter dem Reporter zur Kulisse jeder stilgerechten Krisen-Berichterstattung. Sie liefert dem Yankee, der gerade in Massachusetts seinen Frühstückskaffee schlürft, in *real time* die Einschläge von Cruise-Missiles in Bagdads Bunker und Brücken. Sie funkt das blutende Gesicht des Bildzeitungs-Reporters, der knapp dem Tode entronnen ist, via Tagesschau in deutsche Wohnstuben.

Das Wohnzimmer beginnt sich unterdessen vom bloßen Empfangsraum zur Sendezentrale zu entwickeln; der Fernsehteilnehmer kann sich aus seiner Passivität zu einem Quentchen Aktion aufschwingen – *interaktives Fernsehen* also betreiben, wie seine gelegentliche Chance zum Eingreifen in modischer Übertreibung heißt.

Begonnen hat das vor dreißig Jahren mit einem dicken Holländer namens Lou van Burg. In seiner Show «Der goldene Schuß» gab er dem nach Mittun lechzenden Fernsehvolk zum erstenmal Gelegenheit dazu. Die Glücklichen, durchs Los ermittelt, durften ihr Telefon vor den Bildschirm zerren und einem Kameramann zurufen: «Höher! Tiefer! Links! Rechts!» Der lenkte danach mit verbundenen Augen eine Kamera, die mit einer Armbrust gekoppelt war – und dann, nach dem Kommando «Schuß!», fiel der Apfel, oder auch nicht.

Ein weiterer Schritt fand 1992 auf der *documenta 9* in Kassel statt. «Piazza Virtuale» hieß das Projekt, mit dem vier Männer aus Hamburg die Kasseler Kunstshow hundert Tage lang um das basisdemokratische TV bereicherten. Voraussetzung zum Mitmachen war der Besitz eines digitalen Telefons und eines Fernsehers. Mittels der Telefon-Tastatur konnte sich der Teilnehmer beispielsweise ins «Piazza Virtuale Interactive Orchestra» einschalten, um durch Tastendruck einer elektronischen Violine Töne zu entlocken. Weitere Möglichkeiten: Zuschauer konnten Texte verfassen oder Grafiken auf den Bildschirm malen, gemeinschaftlich ein Telespiel daddeln oder schlicht Gespräche führen – alles, ohne daß ihnen ein Moderator hineinfunkte.

Klar, daß da nicht immer alles klappte. Wie unbeholfen der Fernsehkonsument, jahrzehntelang auf bloßen Empfang gepolt, die neue Kommunikations-Freiheit nutzte, belegt ein Mitschnittprotokoll, das die *Süddeutsche Zeitung* am Ende des Experiments ihren Lesern offerierte:

«Hallo?» – «Hallo, wer ist denn da?» – «Ist da noch jemand?» – «Ja, ich.» – «Wer bist du denn?» – «Ich bin der Peter, und du?» – «Ich bin der Franz.» – «Wie geht es dir?» – «Gut, und dir?» – «Von wo rufst du an?» – «Aus Berlin. Und du?» – «Ich bin in Bochum.» Pause. «Erzähl doch mal was.» – «Was soll ich denn erzählen?» Pause.

«Pannen sind programmiert, Durchhänger und Mißverständnisse sind kaum zu vermeiden» – verhält sich doch das Projekt «zu seiner eigenen Zukunft wie eine Flaschenpost zum Telefax», merkte denn auch der Kritiker der *Süddeutschen* an. Doch barg der Versuch immerhin jene revolutionäre Möglichkeit, nicht nur fernzusehen, sondern auch zu agieren.

Wie sehr die Idee den Zuspruch der Zuschauer fand, belegen Beobachtungen der Telekom: Bis zu 130 000 Anrufversuche pro Stunde registrierte die Telefongesellschaft – doch nur vier konnten sich zu gleicher Zeit auf der «Piazza Virtuale» tummeln.

1990 begann in Quebec und Montreal in Kanada die Installation der ersten wirtschaftlich genutzten interaktiven Fernsehnetze. «Videoway», so heißt das Unternehmen, hat mittlerweile 240 000 Kunden, die sich vom Fernsehsessel aus des Zugriffs auf Datenbanken, elektronische Post, Pay-TV und Videospiele erfreuen dürfen – vier Schlagwörter, stellvertretend für die Möglichkeiten der neuen Technik. Die gilt als Goldgrube der Zukunft.

Nach einer Umfrage der amerikanischen Unternehmensberatung Arthur D. Little sind 26 Prozent der Amerikaner bereit, Produkte aus dem elektronischen Katalog zu erstehen, 25 Prozent interessieren sich für einen Informationsdienst via Multimedia, die Hälfte der Befragten würde Videofilme auf diesem Wege beziehen. Auch good old Germany beginnt, die Interaktivität zu entdecken: Im Oktober 1994 startete der Medienriese Bertelsmann einen Feldversuch im norddeutschen Quickborn – Shopping, Urlaubsbuchungen und das Anzapfen von Datenbanken lassen sich für die Teilnehmer per Bildschirm betreiben.

«Interaktiv» heißt also nicht länger, daß der Zuschauer wie einst bei Lou van Burg einen Kameramann dirigiert, sondern daß er sitzend Pizza ordert, Überweisungen bei der Bank buchen, sich seinen Wunschfilm bestellen – und sogar in dessen Handlung eingreifen kann.

War 1984 in Woody Allens Film «The Purple Rose of Cairo» der Filmheld, der aus der Leinwand steigt, noch Satire und Wunschtraum zugleich, so bietet die Technik heute die ersten wirklich interaktiven Filme an. Auf drei CD-Roms gespeichert, lädt etwa der Krimi «Inspektor Zebok» den Zuschauer ein, den Mörder selbst zu stellen: Er schlüpft in die Rolle des Inspektors und entscheidet so, wie die Geschichte weitergehen soll.

Mehr als 40 Schauspieler begleiten ihn dabei: Je nachdem, ob er mit seiner Computer-Maus das Symbol «Fragen», «Reden» oder «Untersuchen» anklickt, findet er entweder eine heiße Spur, oder aber er landet in einer Ermittlungs-Sackgasse.

Ein bißchen interaktiv gibt sich seit November 1994 der Kölner Privatsender RTL. In der Sendung «Stunde der Entscheidung» dürfen die Zuschauer jeweils zur Hälfte der Ausstrahlung per Telefon darüber abstimmen, wie eine Schmonzette, die laut RTL-Ankündigung von «Menschen am Scheideweg» berichtet, weitergehen soll.

Möglichkeiten dafür wären etwa: «Gibt der Finder eines Geldkoffers den Schatz zurück? Ehelicht Trunkenbold Peter seine Verlobte Marion, nachdem er sie bei einem Autounfall zum Krüppel gefahren hat?»

Hans Meiser, Moderator und Herr der Tränendrüsen, hat jeweils zwei Schlußvarianten zur Auswahl, von denen er dann eine, je nach Volkes Stimmungslage, über den Sender rauschen läßt. Erste Probeläufe bewiesen, wie sehr die Wahlmöglichkeit trotz mickriger Alternativen den Zuschauern ans Herz greift: Laut *Spiegel* «brachen mehrere Testpersonen erschüttert in Tränen aus».

Ron Sommer, der europäische Sony-Präsident, schwärmte 1993 in einem Interview von den Möglichkeiten, die die Kombination aus Interaktivität und vielen Programmen bietet: «Sie geben per Fernbedienung ein, was Sie sehen wollen, und können sich dann auf dem Bildschirm zum Beispiel in aller Ruhe etwa die Expressionisten im Louvre anschauen. Der Sportbegeisterte sagt: Ich möchte jetzt mal das Fußballspiel von der Position hinter dem Tor sehen, und er kann dann ganz einfach die Kameraposition bestimmen.» Die ob solcher TV-Aussichten offensichtlich verblüfften *Spiegel*-Frager wußten nur zu erwidern: «So werden Sie bald eine Generation von Stubenhockern erziehen, die vor den Fernsehern vereinsamt.»

Zweimal daneben! Erster Fehlschuß: Längst ist der Fernseher für viele Singles der Kommunikationspartner Nr. 1, ihr eigentliches Tor zur Welt (im nächsten Kapitel mehr darüber); und wie sich einsame Herzen vor Millionen öffnen können, wird in Kapitel 12 beschrieben.

Zweiter Fehlschuß: Das Wort «Stubenhocker» setzten die *Spiegel*-Redakteure als Vorwurf ein. Offensichtlich hatten sie keine Ahnung von der notwendigen und dabei so überaus erfreulichen Umwertung des Begriffs, auf die wir alle hinarbeiten sollten. Aber natürlich konnten sie dieses Buch noch nicht gelesen haben.

Moderner als die Techniker dagegen war der *Spiegel* 1994 in einer bissigen Geschichte über die Qual, einen Video-Recorder zu programmieren; 70 Prozent aller Besitzer kämen damit nicht zurecht. Das Fernsehen selbst karikierte einst den Moloch Technik in der Erfolgsserie *Kir Royal*, wo eine entnervte Erni Singerl angesichts unüberbrückbarer Programmier-Hürden mit gefalteten Händen vor ihrem Video-Recorder in die Knie ging.

Noch immer muß sich der TV-Konsument mit technischer Überzüchtung, unkontrolliert blinkenden Lämpchen oder kryptischen Bedienungsanleitungen herumschlagen, wenn er seine High-Tech-Maschine in Gang setzen will. Derart demotiviert kann sich bisher auch nur ein kleiner Teil der Fernsehklientel zu jenem ökologisch konsequenten und wirtschaftlich vernünftig handelnden Stubenhocker entwickeln, für den dieses Buch plädiert.

Mit Blick auf das, was die Fernsehtechnik von heute schon alles vermag, gilt deshalb die Forderung: TV muß einfacher werden. Und eines ist sicher: Das wird es auch. Statt Wut, Schweiß und Tränen vor unbedienbarer Technik zu verschwenden, wird der TV-Konsument der Zukunft sich von seinem Telecomputer an Leib und Seele verwöhnen lassen.

7. Was das Fernsehen bald können wird

Lichtspielqualität, bisher bekannt nur aus Kinos, wird in naher Zukunft auch der Bildschirm im Wohnzimmer haben. Erstens wird er größer, zweitens wird er brillanter. Die Zauberformel für das Fernseh-Erlebnis der Zukunft heißt HDTV – «High Definition Television», zu deutsch: hochauflösendes Fernsehen. Das Prinzip ist theoretisch leicht zu begreifen, es funktioniert nach dem Motto «Klasse durch Masse». Anstatt der bislang üblichen 625 Bildpunktzeilen klotzt das HDTV mit 1125, wenn es nach den Japanern, und gar 1250 Zeilen, wenn es nach den Europäern geht. Zudem macht die neue Technik Bildschirme bis zu einer Breite von 1,80 Metern und einem Meter Höhe möglich – insgesamt etwa achtmal so groß wie bei herkömmlichen Apparaten. Das Ergebnis: ungewohnte Brillanz, beeindruckende Bildausschnitte und eine bis zur Perfektion gesteigerte Illusion.

Als das Münchner Institut für Rundfunktechnik 1989 zum erstenmal HDTV-Fernsehen demonstrierte, hatten die verblüfften Zuschauer das Gefühl, der Hörsaal des Instituts verwandle sich in das Stadion, in dem das Eishockey-Länderspiel Deutschland–UdSSR gerade vor ihren Augen stattfinde. Anstatt wie bisher gewohnt auf dem Bildschirm nur einen kleinen Ausschnitt zu sehen, waren immer der größte Teil der Spielfläche und sogar viele der Zuschauerränge sichtbar. Ein Zeuge der Vorführung kam zu der Erkenntnis: «Auf die Fußballbundesliga übertragen hieße das: Der Fan braucht eines Tages überhaupt nicht mehr ins Stadion zu gehen, weil er dank HDTV in der eigenen Wohnung den gleichen Überblick hätte wie vor Ort am Spielfeldrand, einschließlich des Gefühls, direkt dabei zu sein.» Freistöße und Fouls, Angriffe und Abseitsstellungen lassen sich mit der neuen Fernsehnorm viel deutlicher erkennen als bei den alten Geräten – und besser als im Stadion ohnehin.

Aus dem hausbackenen Fernsehabend wird in Zukunft das suggestive Rundum-Erlebnis, das die Medienmacher mit dem Zauberwort «Telepräsenz» umschreiben. Sie wird möglich, weil der Fernsehapparat der nahen Zukunft nicht mehr als Guckkasten sein Dasein in Couch-Ecken fristet, sondern im Cinemascope-Format seinerseits ein gestaltendes Wohnelement wird – ohne das bekannte Flackern aus dem Kathodenstrahlrohr, ohne löchrige Zeilenmuster oder unerwünschte Regenbogen-Reflexe auf der Mattscheibe, aber dafür mit Details, die sogar einem 35-Millimeter-Film zur Ehre gereichen können.

Zudem wird HDTV auch die Fernseh-Inszenierungen und damit die Sehgewohnheiten verändern. Der bislang übliche schnelle Bildschnitt-Rhythmus von Produktionen in der PAL-Farbnorm würde nämlich auf einem HDTV-Bildschirm sehr verwirrend sein, wie der Technische Direktor des Bayerischen Rundfunks, Siegfried Werz, zu bedenken gibt. «Das kann für den Zuschauer bis hin zum Unwohlsein führen!»

Damit jedoch keimt gleichzeitig eine Hoffnung: Wird die neue Fernsehtechnik den jetzt noch in der Bilderflut ersaufenden Zuschauer vom Hickhack-Stil der Video-Clips erlösen? Seit der Erfindung des Fernsehens ist die Länge der einzelnen Einstellungen kontinuierlich geschrumpft, die Zahl der Bildschnitte drastisch gestiegen. Damit aber wird das Fernsehbild zum Totschläger – nichts hat mehr Zeit zu wirken, kein Eindruck kann sich mehr einprägen.

HDTV braucht keine jagenden Schnittsequenzen, um interessant zu bleiben. Hier wirken die Bilder allein durch ihre Größe und Brillanz. Hektische Bildfolgen wird das Fernsehen der Zukunft durch eindrucksvolle Totalen ablösen – und somit menschengerechter sein.

Noch allerdings läßt die Verbreitung der neuen Technik auf sich warten. Zwar basteln die Japaner schon seit zwanzig Jahren an der neuen Norm; zwar strahlt das staatliche japanische Fernsehen NHK seit 1989 täglich einige Stunden HDTV-Programm aus; zwar bieten Nippons Elektroniker schon seit diesem Jahr einen kompakten Gerätetyp an, der in der Massenfertigung rund 7000 Mark kosten soll. Doch verzögerte das Feilschen um internationale Normen jahrelang die Weiterentwicklung. Kein Wunder: Mit fast 800 Millionen Geräten und einem Wert von 500 Milliarden Mark ist der Fernsehmarkt der Welt ein dicker Brocken, von dem jeder Hersteller sich ein möglichst großes Stück sichern möchte.

Deshalb wird jede Nische für Neuentwicklungen ausgenutzt, solange sich HDTV noch nicht durchgesetzt hat. Seit 1994 senden deutsche Fernsehanstalten Filme im neuen Pal-Plus-Format. Die Weiterentwicklung des Farbfernseh-Standards Pal, der vor einem Vierteljahrhundert eingeführt wurde, arbeitet mit einem Breitbildformat ähnlich dem des HDTV – 16:9. «Wenn auch Pal Plus mit HDTV direkt nichts zu tun hat, so bietet es mit dem Breitbildformat eine Brückenfunktion in die digitale Zukunft», sagt Helmut Stein, Vorsitzender eines Fernseh-Zukunft-Vereins mit dem bequem auszusprechenden Namen «Deutsche Plattform für HDTV und neue Fernsehsysteme e.V.».

Das Plus steht vor allem für ein breiteres Bild ohne störende schwarze Balken oben und unten sowie für mehr Schärfe, klarere Farbwiedergabe und obendrein verbesserte Tonqualität. Der Haken: Natürlich brauchen wir ein anderes Gerät als das gewohnte, um in den Genuß der Vorzüge des neuen Sendeformats zu kommen. Das freut die Hersteller: Bis zu dreißig Prozent mehr nämlich verlangen sie für die neuen Pal-Plus-Empfänger.

Nicht ganz billig wird auch die nächste Bildschirm-Novität sein, die vor der Tür steht: das dreidimensionale Fernsehbild. «Theoretisch steht die ganze Sache schon», bestätigt Gerold

Denker von der Essener Firma Pan Vision, einem Spezialisten auf dem Gebiet der Holographie. Gegenüber der *Wochenpost* bekannte er aber: «Noch reichen die Datenkapazitäten nicht aus, um auch auf dem Monitor Bilder befriedigender Qualität darzustellen.» Doch das ist nur eine Frage der Zeit. Schon in wenigen Jahren könnten die ersten dreidimensionalen Spots über den Bildschirm flimmern und eine weitere Medien-Revolution ankündigen.

Das große Geld sehen auch diejenigen vor sich, die bei ihrer Entwicklungsarbeit ursprünglich gar nicht ans Fernsehen dachten: Computer-Freaks und Software-Erfinder stießen bei ihren Bemühungen, aus den schlauen Maschinen immer mehr herauszukitzeln, auf verblüffende Anwendungsmöglichkeiten ihrer Mikrochips. Sie schalteten CD-Player und Tonbandmaschinen, beste Bildschirme und Computerplatinen zusammen – fertig war die «Multimedia-Maschine». New Yorker Schüler gehörten zu den ersten, die in den Genuß der neuen Wunderdinger kamen: Sie machten eine Klassenreise nach Mexiko, besuchten Maya-Tempel und Regenwälder, Affenhorden und Kakaoplantagen – und das, ohne einen Fuß vor ihre Schultür setzen zu müssen.

Der Trick dabei: Nur eine Handvoll Lehrer und Computer-Experten des New Yorker Bank Street College waren für das Projekt «Palenque» – so benannt nach der Maya-Ruinenstadt in Südmexiko – Richtung Mittelamerika geflogen und hatten dort Tempel, Busch und Affen aus möglichst verschiedenen Perspektiven gefilmt. Daheim digitalisierten sie die Datenmengen und brachten sie auf optischen Speicherplatten unter – vergleichbar mit etwas zu groß geratenen Compact-Discs. Gekoppelt mit einem aufgemotzten Heimcomputer und einem eigens verfaßten Programm, das als «Reiseführer» dient, können nun die verschiedensten Bilder in verschiedensten Perspektiven abgerufen werden: Der Betrachter nähert sich per Tastendruck einem Maya-Tempel, pirscht sich an Inschriften heran oder läßt seinen Blick über das üppige Grün des Regenwaldes schweifen, untermalt vom Originalgekreisch einer Affenbande – alles festgehalten auf einer elektronischen Speicherplatte.

Das macht mehr Spaß als stumpfes Konsumieren. Wohl deswegen stürzte sich auch die Werbung auf das merkwürdige Zwitterding zwischen TV und Computer. Etwa beim Programm «Heidiland», das noch unentschlossenen Touristen die Ferienorte, Hotels, Skipisten und Kunstschätze des Schweizer Kantons Graubünden näherbringen soll. Ein Zeichentrick-Steinbock namens Konradin führt den «Multimedia-Graubünden»-Benutzer in Schwyzerdütsch durchs Programm. Ein Antippen der Wegweiser, die auf dem Bildschirm erscheinen, genügt: Sofort präsentiert das Programm die gewünschten Informationen in bunten und bewegten Bildern. Berührt man eine der Figuren, kann es vorkommen, daß sie zum Leben erwacht: Eine Kuh muht aus dem Lautsprechergehäuse.

Die elektronische Ehe zwischen Computer und Fernsehapparat kann mittlerweile jeder Computer-Normalverbraucher in seinen eigenen vier Wänden besiegeln, vorausgesetzt, er verfügt über einen 386er PC, das Programm Windows 3.1 und ein wenig Bares. Damit nämlich kann er eine chipbestückte Steckkarte namens «Win/TV» von der US-Firma Hauppauge Computer Works erstehen und die seinem Heimcomputer einverleiben. Mit verblüffendem Erfolg – das elektronische Zubehör macht aus dem bescheidenen Computerchen eine veritable Multimedia-Maschine: Fernsehbilder lassen sich an jedem gewünschten Eck des Bildschirms einspielen, per Tastendruck einfrieren, abspeichern und ausdrucken. Verkleinern und vergrößern sowieso – bis zur Größe des Beethoven-Konterfeis auf der Euroscheck-Karte läßt sich das TV-Bild komprimieren.

Auch in deutschen Schulen sind solche Multimedia-Maschinen mittlerweile zu finden. In einem Versuch des Landes Nordrhein-Westfalen lernen Grundschüler mit Hilfe der Multimedia-Software «Das grüne Klassenzimmer», in Text, Bild, Film und Ton Zusammenhänge zwischen Tieren, Pflanzen und

Menschen besser zu begreifen. Besonders beliebt bei den Kids sind jene Kurzfilm-Sequenzen, die ihnen der Computer präsentiert, wenn sie beispielsweise im Menu das Fütterungsritual von Rotkehlchen anklicken: Da tschilpt und schrillt es naturgetreu vom Bildschirm, wenn die Vogeleltern ihrem nimmersatten Nachwuchs den Schnabel stopfen.

Wahrscheinlich müssen wir vor diesem Hintergrund die gesamte Technik und alle Gebräuche des Lehrens und Lernens überdenken. Warum sollen denn noch Tag für Tag Millionen von Schülern oft kilometerweit in ein Schulhaus verfrachtet werden, in dem sie ein ebenso unindividueller wie langweiliger Unterricht erwartet?

Lassen wir die gigantische Verringerung von Unfällen und Abgasen mal beiseite, auch alle pöbelnden Halbwüchsigen in der U-Bahn und die zunehmende Gewalttätigkeit auf dem Schulhof. Vor allem ist es ein pädagogischer Aspekt, der den Gedanken nahelegt, an die Stelle der traditionellen Paukschule ein interaktives Medium zu setzen. Der Kontakt mit dem Lehrer bliebe durchaus erhalten: Er kann die Arbeit des Schülers über den Computer steuern und bewerten.

Und dazu käme der unschätzbare Vorteil eines individualisierten Unterrichts: Der langsamere Schüler kann langsamer, der schnellere schneller fortschreiten; je nachdem zwingt der Computer ihn zu Wiederholungen und Zwischenschritten oder erspart sie ihm.

Außer den Fähigkeiten des Schülers kommen auch seine Neigungen ins Spiel, aus den entlegensten Datenbanken kann er sich Auskünfte auf den Bildschirm holen. Überdies könnte ein Morgenmuffel es sich leisten, mit dem Lernen später zu beginnen, also den Unterricht seinem Bio-Rhythmus anzupassen – kurz: Hier wartet eine Revolution auf unsere Kinder, und im Unterschied zu den meisten Umwälzungen wäre sie ein Sprung nach oben.

Zusehends also rückt es näher, das Reich der unbegrenzten Medien-Erfahrung. John Sculley, Chef der Computer-Firma

Apple, ist sicher: «Multimedia wird in den neunziger Jahren die Welt verändern.» Ganz sicher verändern wird sich das Leben mit der neuen Wirklichkeit. Denn sie verwandelt die Einbahnstraße Fernsehen in ein aktives Instrument, macht aus dem passiven Pantoffelkino eine packende Mitmach-Show.

Damit erfüllt sich auch jener Wunsch, den die *Süddeutsche Zeitung* schon 1964 auf ihrer «Letzten Seite» so inbrünstig formulierte: Gäbe es doch, so stand da unter der Zeile «Wohin mit dem Gebrüll?» zu lesen, ein Mikrofon an jedem Fernseh-apparat, das die Anfeuerungsrufe, den Beifall, die Pfiffe, das Gejohle und das Siegesgebrüll der zur stummen Rezeption verurteilten Fernsehempfänger auffangen und gebündelt an den Ort des Geschehens übertragen würde! «Aber die besten Einfälle sind die, die niemand hat», seufzte der Autor. Er kann aufatmen. Man ist dabei, sie zu haben.

Bildschirme, die auf Berührungen reagieren, Speicherplat-ten, die opulente Bilder ganzer Landschaften aufnehmen und wiedergeben können, Klänge, Farben und Formen, deren Ab-folge, Gruppierung und Intensität der Konsument selbst fest-legen kann: Alles das macht Multimedia möglich. Da fehlen eigentlich nur noch zwei Sinneseindrücke: Gerüche und Rei-zung des Tastsinns.

Auch der wurde schon bedient. Kinogänger erinnern sich mit wohligem Gruseln an die Ära der Katastrophenfilme, die in den siebziger Jahren durch die Kinos dröhnten: klaffende Erdspalten, berstende Staudämme, havarierende Luxusdamp-fer oder abfackelnde Hochhaus-Türme. Und all die Schreie der Entsetzten einten sich mit urweltlichem Getöse zu einem au-diovisuellen Dampfhammer, der das Kinopublikum bis ins Mark erschütterte. Verantwortung dafür trugen jene nieder-frequenten, aber hochenergiereichen Schallwellen, die aus gigantischen Boxen auf die Zuschauer der Filmkatastrophe abgelassen wurden. Wer da beim Absaufen der «Poseidon», beim Bersten des Stauwehrs das Donnern der Wassermassen nicht hören konnte – er konnte es fühlen. In der Magengrube nämlich.

Doch mittlerweile ist die Technik weiter. Was alles die Phantasie zu stützen vermag, führt eindrucksvoll das «Kinemax» vor, die kinematographische Sensation des «Futuroscopes» im französischen Poitiers. Neben einer 600 Quadratmeter großen Flachleinwand, auf die Filme im Riesenformat von 70 mm projiziert werden, bietet dieses Kino der Zukunft eine kinematographische Revolution: das in Europa völlig neue «Showscan», wo Filme, mit 60 Bildern pro Sekunde gedreht, die Netzhaut mit Leuchtkraft, Farbe und Relief durch und durch sättigen.

Nicht einmal die bedächtige *Neue Zürcher Zeitung* konnte sich dem Bann der schönen neuen Kinowelt entziehen: «So kommt für den Zuschauer eine Illusion der Realität zustande, die sogar das direkte Erleben übertrifft.» Zur Sache geht's in diesem Kino der dritten Art aber erst, wenn man es von Sesseln aus erlebt, die hydraulisch im Takt der Bilder gesteuert werden – wie beim «Dynamischen Simulator», einer Weltpremiere übrigens: Bei der wahnsinnigen Fahrt mit einem Rallye-Renner wird sogar die Zentrifugalkraft nachgeahmt, ja der Fahrtwind peitscht dem «Fahrer» ins Gesicht.

Wirklichkeitsgetreue Sinneswahrnehmungen sind aber schon lange nicht mehr das Privileg der Kinobesucher. Überwältigende Klangeindrücke vermitteln mittlerweile in über acht Millionen Haushalten weltweit sogenannte Dolby-Surround-Tonanlagen – eine Weiterentwicklung jenes Kino-Raumklangsystems, das der Amerikaner Ray Dolby in den vierziger Jahren entwickelte. Dabei handelt es sich um einen Kinoton mit vier verschiedenen Kanälen, von denen drei von vorn und einer von hinten zur Stärkung der Raumeffekte auf das Publikum losgelassen werden. Der Erfolg ist verblüffend: Wenn Lawrence von Arabien im gleichnamigen Filmepos «Keine Gefangenen!» schreit und mit erhobenem Dolch dem Feind entgegenstürmt, umdonnert den Zuschauer Hufgetrappel von vorn und hinten, links und rechts; das Keuchen der Kämpfenden, das Wiehern der Pferde, das Schreien der Verwundeten heizt den Filmbetrachtern deshalb so ein, weil jeder Laut aus der richtigen Ecke zu kommen scheint.

Doch nicht nur Augen, Tastsinn und Ohren des Stubenhokkers werden in naher Zukunft mit nie geahnten Empfindungen via Multimedia-Technik verwöhnt – selbst für die Nase steht schon ein Schmankerl bereit: das Duft-Fernsehen. Es basiert auf einer relativ simplen Technik, die ein gewisser Bruno Gruber aus Olching bei München entwickelt hat.

Und sie funktioniert so: Zusammen mit den Sendesignalen für den Film liefern Satellit oder Kabel auch jene elektronischen Informationen an den Fernseh-Empfänger, die auf einer sogenannten Riechspur verschlüsselt sind. Das sind etwa Salzgeruch für Meer, Fichtennadeln für den Bergdoktor oder Gewürz-Aroma für Eßszenen. Daheim im Telecomputer-Terminal aktivieren diese Signale mit Hilfe eines Vibrators eine Reihe von Duftkapseln, die in die Fernbedienung integriert sind.

So unscheinbar die Technik aussehen mag, so sehr perfektioniert sie doch die Illusion, und das heißt: die neue Wirklichkeit. Jeder, der in lange zurückliegenden Erinnerungen kramt, weiß, daß sie um so schneller parat sind, wenn man einen dazugehörenden Duft in die Nase bekommt, ja daß solche Erinnerungen oft allein durch eine kurze Geruchsempfindung wieder ins Gedächtnis gerufen werden.

Längst wissen Geruchsforscher, berichtet die Zeitschrift *P. M.*, daß das Gehirn gar nicht so sehr von optischen und akustischen, sondern von den olfaktorischen Reizen angesprochen wird – so stark, daß der Duft von Zitronen Aggressionen dämpft oder Veilchenduft die Lernbereitschaft steigert. «So, wie ein gutes Essen nur schmeckt, wenn einem seine Düfte in die Nase steigen, werden Bilder erst richtig packend, wenn man sie riechen kann», schreibt *P. M.* weiter.

Zumal dann, wenn diese Duft-Empfindung garantiert frei

von lästigen Nebengerüchen bleibt. Verleiden uns beim Spaghetti-Mahl auf der Strandpromenade am Mittelmeer der Dieselqualm von der Allee und der Achselschweiß des Kellners den kulinarischen Genuß, so liefert uns das Tele-Erlebnis den Essensduft garantiert pur. Träumen wir weiter: Unsere interaktive Multimedia-Spazierfahrt vom Wohnzimmer aus die französische Riviera entlang – wie perfekt wird sie uns befriedigen, wenn sie unsere Sinne mit prächtigen Bildern, rauschendem Fahrtwind und dazu noch mit dem Duft von Pinienhainen, Oleanderbüschen und einer erfrischenden Seebrise erfreut! Das alles überdies gesegnet mit einem reinen Gewissen für den Konsumenten, da die Reise stets gefahrlos, billig, zu jeder Zeit und vor allem ohne Schaden für die Natur durchlebt werden kann.

Bleibe zu Hause und amüsiere dich redlich: Wer bei diesem Angebot noch danach giert, seine eigenen vier Wände dauernd zu verlassen, dem ist kaum zu helfen. Doch vielleicht bekehren ihn die drei folgenden Kapitel.

8. Abenteuer auf
dem Heimcomputer

Homo *ludens* nannte der holländische Historiker Johan Huizinga sein Standardwerk über die Entstehung der menschlichen Kultur aus dem Spiel. Und ein *homo ludens* ist der *homo sapiens* geblieben; mehr denn je, seit ihm fortschreitende Technik die Mühsal der Arbeit erleichtert und Freiraum für Muße, Spiel und Vergnügen schafft – und dazu in Form der Chiptechnik auch ganz neue Spielzeuge: die Video- und Computerspiele.

Als vor über zwei Jahrzehnten ein schlichtes Tischtennis-Match unter dem Namen *Pong* in Form von grünlich flackernden Strichsymbolen den Fernsehschirm erhellte und einige Zeit danach der monsterfressende *Pac Man* die Kids und Erwachsenen amüsierte – da ahnte niemand, welch gigantische Entwicklung der Markt der Elektronik-Unterhaltung bis heute nehmen würde.

Entwicklung erstens in der Quantität: Videospiele in Form tragbarer «Gameboys» oder Konsolen, die an den Fernseher angeschlossen werden, stehen mittlerweile in der Bundesrepublik schon in mehr als fünf Millionen Haushalten. Computerspiele, die noch greller, schriller und schärfer sind, lassen sich per Diskette oder CD-ROM in jeden PC einlesen. Rund vier Millionen Deutsche nutzen ihren Heimcomputer zumindest zeitweise als Daddel-Center. Tausende von Spielen sind mittlerweile im Handel, jedes Jahr kommen weitere tausend dazu – für jeden Geschmack.

Da sind zum ersten die *Denkspiele*: Die reichen von abstrakten Zuordnungen, die der Spieler auf dem Bildschirm lösen muß, bis hin zu komplizierten Wirtschafts-Simulationen, in denen knifflige Verknüpfungen wie die Haushalts-, Umwelt-, Wirtschafts-, Verkehrs- und Wohnungsplanung einer ganzen Stadt bewältigt werden müssen.

Da sind zweitens die sogenannten *Spielgeschichten*: Hier schlüpfen die Akteure in Phantasiewelten, in denen sie die unglaublichsten Abenteuer bestehen müssen, sei es als römischer Zenturio, sei es als Kommandant eines Raumschiffs in fremden Galaxien.

Die dritte und zugleich umstrittenste Gruppe von Computer- und Videospielen sind die *Action-Spiele*. Hier versucht der Teilnehmer mit Hilfe eines elektronischen Stellvertreters, sich – zumeist im Kampf – in den verschiedensten Szenarien zu behaupten. Diese Spiele reichen von harmlosen Sportturnieren und Rennfahrer-Simulationen bis hin zu Kriegs- und Baller-Orgien.

Die vor allem sind es, die das Genre in Verruf gebracht haben. Sei es in «Streetfighter II Turbo» oder «Mortal Combat»: In nahezu jedem dieser Action-Spiele wird geschlagen, getreten, geschossen, getötet. Je brutaler, desto besser: «Machen Sie Ihre Gegner mit Kampfsporttechniken fertig», preist ein Hersteller sein Unterhaltungsprodukt an. «Hauen Sie zu mit Eisenrohren oder Messern oder Ninja-Waffen. Machen Sie sich auf das heißeste Straßenkampf-Spiel gefaßt, das es je gegeben hat.»

Manche mögen's denn auch zu heiß: Rund 200 Computerspiele standen 1994 auf dem Index der Bundesprüfstelle für jugendgefährdende Schriften, darunter so anschauliche Titel wie *Rambo First Blood*, *Barbarian* oder *10 Foltertips*. Der Jugendschutzbeauftragte der Stadt Celle, Wilfried Schneider, erforschte in mehreren Schulklassen, wie viele Kinder und Jugendliche Zugang zu solchen Computerspielen haben – und fiel aus allen Wolken: Über ein Drittel der 146 Spiele, die von den Schülern genutzt wurden, standen auf dem Index. In einer 9. Gymnasialklasse wurde dem Befrager sogar dreizehnmal der Nazi-Titel «Anti-Türken-Test» genannt: eines jener menschenverachtenden Machwerke, das Neonazis, als Spiel getarnt, auf Schulhöfen unter Jugendlichen verbreiten.

Was Erwachsene entsetzt, ist für die Jugendlichen eher ein derber Sport. Viele Spiele werden gerade deshalb gesammelt, weil sie auf dem Index stehen, denn das Verbotene hat noch immer gereizt. Der Inhalt der Spiele sei gar nicht das eigentliche Problem, gab der Hamburger Literaturprofessor Klaus Bartels im *Spiegel* zu bedenken. Es gehe nicht vorrangig um Gewalt, sondern um die Bestätigung kultureller Wertesysteme. Während die berüchtigten «Landserhefte» nicht beschlagnahmt würden, «weil der soldatische Mensch zu diesem Schema gehört», würden Underground-Medien verboten, «weil Erwachsenen der Zugang in diese Welt fehlt».

Doch auch die handelsüblichen und frei käuflichen Spiele haben es in sich. Manche Psychologen sehen in Prügel- und Baller-Produktionen die perfekte Vorbereitung der Kinder auf den Überlebenskampf in der Ellenbogengesellschaft. Killen oder gekillt werden – so lautet das Gesetz des Computer- und Videospiel-Dschungels. Und alle spielen mit.

Damit läßt sich prächtig leben, zumindest was die Hersteller betrifft. Zehn Milliarden Dollar Jahresumsatz buchen allein die japanischen Spiele-Produzenten. Die Giganten Sega und Nintendo setzen in den USA rund 400 Millionen Dollar mehr um, als die Amerikaner für Kinobesuche lockermachen, und der Markt gilt noch lange nicht als gesättigt.

Da horcht der Stubenhocker auf: 400 Millionen Dollar mehr für Spiele, die vor allem in den heimischen vier Wänden angeschaltet werden? So viel weniger für Kino, dessen Besuch fast immer einen Ortswechsel per Auto bedeutet? Schon unter diesem ökologischen Gesichtspunkt sind die Spiele interessant. Wer auf dem Computer agiert, hat keine Zeit oder keine Lust mehr, Autobahnen zu verstopfen, Strände zu bevölkern oder Bergspitzen mit seinen Kletterversuchen zu belästigen; er muß spielen. Mehr als die Hälfte der deutschen Kinder no-

tierte zu Weihnachten 1994 auf dem Wunschzettel ein Video-
oder Computerspiel. Auch viele Erwachsene beginnen, den
Reiz der elektronischen Fummelei zu entdecken. Und das hat
gute Gründe – aller Kritik an den Schieß-Orgien und dem
ethisch destabilisierenden Inhalt so mancher Produktion zum
Trotz.

Denn gute Spiele machen nicht nur Spaß, sie entpuppen sich
auch als ausgewachsene Logik-Trainer. «Sim City» zum Beispiel, ein Simulationsspiel über die Entwicklung einer Stadt,
fordert den Nutzer an der Computer-Tastatur zu beträchtli-
chem Kombinationsvermögen heraus: Jede Entscheidung, die
er als Bürgermeister der elektronischen Stadt Sim City trifft,
wirkt sich quer durch das ganze Stadtleben aus – sei es in Form
von Umweltschäden, Bevölkerungsrückgang oder Löchern in
der Stadtkasse.

Der Spieleforscher Jürgen Fritz von der Fachhochschule
Köln bestätigt die Lern-Effekte, die Computerspiele bieten.
Denkspiele stellen Forderungen an Orientierungsvermögen,
rasche Auffassung, operatives und kalkulatorisches Denken.
Bei den Spielgeschichten lernen die Nutzer zu kombinieren
und Rätsel zu knacken. Und selbst bei Action- und Ballerspie-
len entsteht noch ein Nutzen: Streßresistenz, Auge-Hand-
Koordination, geschickter Umgang mit dem Joystick, Reak-
tionsschnelligkeit sowie die Fähigkeit, drei, vier Vorgänge auf
einmal im Auge zu behalten.

Die zahllosen Spielgeschichten oder *Adventures* bieten ihren Spielern zudem oft wochenlang Unterhaltung, weil sie
erstens tief in eine phantastische Welt hineinführen und zweitens nur weitergespielt werden können, wenn der Spieler
etappenweise die eingestreuten Rätselnüsse knackt oder Ge-
schicklichkeitsaufgaben löst. Das gelingt jedoch nicht allen.
Um massenhafter Verzweiflung vor dem Heimcomputer vor-
zubeugen, haben die großen Spielehersteller deshalb Info-
Telefone installiert, bei denen Spieler, die im Adventure hän-
gengeblieben sind, Mut zugesprochen und mit Rat und Tips

beigestanden wird. Über 20 000 Anrufe gehen bei den Beratern jede Woche ein.

Keinen Beistand brauchen zumeist diejenigen Fans, die bei der Auswahl ihrer Programme auf Action setzen. Der Fußball-Simulator *Microprose Soccer* erlaubt zum Beispiel angeschnittene Torschüsse, hohe Flanken und pulsbeschleunigende Torszenen ohne die ganze Mühsal des realen Lebens: zum Fußballplatz pilgern und sich in Sport-Trikot, Stulpen und Stollenschuhe werfen; auch ohne die oft vergebliche Mühe, 21 weitere Fußballfans samt Schieds- und Linienrichter zusammenzutrommeln.

Der *Stern* beurteilt in einem Test die Sport-Spiele der neuesten Generation als «verblüffend» realistisch. Kein Wunder also, wenn anstatt des Sports auf dem wirklichen grünen Rasen die virtuelle Variante für immer mehr Sportbegeisterte zur Ersatzdroge wird. Als «erfolgreichstes Spiel, seit es den Computer gibt» bezeichnet die Firma Software 2000 laut *Spiegel* ihre Fußball-Simulation *Bundesliga Manager Professional*: Über 280 000mal wurde es bis Mitte 1994 über den Ladentisch gereicht – die Zahl der Raubkopien dürfte kaum geringer sein.

Für den kompromißlosen Auto-Fan bietet sich dagegen die Bleifuß-Simulation *Test Drive II* an, bei der ein Wettrennen gegen einen computergesteuerten Boliden gewonnen werden muß. Dabei kommt der Fahrer mit Hut ebenso auf seine Kosten wie der ambitionierte Lauda- oder Schumacher-Freak: In den unteren Schwierigkeitsgraden nämlich fährt der Spieler einen Wagen mit Automatikgetriebe und zockelt hinter einem behäbigen Computerfahrzeug her, in den oberen dagegen muß er von Hand schalten und tritt gegen einen bedenkenlosen Raser an.

Auch bei diesem Spiel erweist sich wieder einmal die Überlegenheit der Simulation gegenüber der abgestandenen Wirklichkeit. Denn wer hat in ihr das Glück, auf einen Gegner zu treffen, der ihm nicht haushoch überlegen ist, oder, mehr noch, sogar die Chance, das Können dieses Gegners weitgehend selbst zu bestimmen? Außerdem sind dem Programm

Polizeikontrollen ebenso fremd wie Radarfallen und Punkte in Flensburg, und Unfälle schmerzen nicht.

Sogar das süße Nichtstun beim Angeln haben findige Programmierer zur Computerspiel-Reife gebracht. Das Spiel *Win-Fish* verschafft die Illusion des Angelausflugs samt unverhoffter Beute, die – ganz wie im richtigen Leben – behutsam und nicht zu ungeduldig aus dem Wasser gezogen sein will, sonst flutscht der Fisch wieder weg.

Das Spiel in künstlichen Welten beeinflußt inzwischen die Entwicklung von Wirtschaft und Gesellschaft. Niemals zuvor war es so einfach, ein Arbeitsgerät, das der Computer eigentlich ist, zu einem Spielgerät umzufunktionieren. So gilt für viele Bildschirm-Arbeiter die Losung: Diskette rein, Programm aufrufen – und ab geht's in die Traumwelt von Rollenspielen wie *Ultima* oder Sportsimulationen wie *Winter-Games*. Und wenn der Boß über die Schulter guckt? Selbst für den Verteidigungsfall sind viele Programme schon gerüstet – mit einer sogenannten «Abteilungsleiter-Taste»: Droht Gefahr, so zaubert die in Sekundenbruchteilen eine langweilige Tabellenkalkulation auf den Schirm.

Natürlich ruft das alles die Kulturkritiker auf den Plan. Sie sprechen von «sozialem Autismus», von «Brutalisierung des Ego», von «Stupidisierung». Der amerikanische Freizeitforscher Nick Brady stellte fest, die Menschheit stehe am «Beginn einer Revolution hin zu einem großen Zeitalter des elektronischen *Ludismus*, womit wir wieder beim *homo ludens*, dem spielenden Menschen wären. Exzessive Spieler, die nicht mehr von der Spielkonsole loskommen, nähren den Verdacht, daß die neue Spieltechnik Suchtkrüppel heranzieht. Der Bremer Psychologe Gerhard Meyer schreibt: «Wir haben festgestellt, daß Spieler in einen ähnlichen Rauschzustand gelangen können wie zum Beispiel Kokain-Konsumenten. Es entsteht eine psychische Abhängigkeit.»

Mag sein. Wie vom Auto zum Beispiel. Nur ohne Verkehrstote, Stau und Luftverpestung. Auch kann es mit der Suchtgefahr nicht so weit her sein: Jürgen Fritz, der Kölner Spieleforscher, hat Computer- und Videospiel-Nutzer beobachtet und festgestellt, daß es sicherlich einige gibt, die durch das Gerät ihre Ohnmacht im realen Leben auffangen wollen und dies als einzige Möglichkeit dazu sehen: «Stellen Sie sich vor – Schüler, die wenig Freiraum von ihren Lehrern kriegen, die keine Möglichkeit haben, mal was zu beeinflussen, was sie lernen wollen; die suchen sich dann ihre Erfolgserlebnisse im Computerspiel, denn hier können sie der King sein!»

Wer wollte ihnen das mißgönnen? Lassen wir den Spielern ihr Himmelreich, die alte Wirklichkeit ist doch hart genug. Freuen wir uns, daß die Entwicklung in rasendem Tempo weitergeht. Der Spiele-Gigant Sega nahm 1994 in den USA den Sendebetrieb auf dem Sega-Channel auf: Hier findet der geneigte Nutzer kein TV-Programm, sondern ein Menü von fünfzig monatlich wechselnden Spielen, die er gegen eine Gebühr von zwölf Dollar pro Monat auf sein heimisches Spielmaschinchen laden darf. Der Werbespot des Unternehmens ist keß: «Don't just watch TV» – *sieh* nicht nur fern.

Vorbild für das Computerspiel am künftigen Medienzentrum im eigenen Wohnzimmer könnten jene Abenteuer sein, die die neuen Daddel-Automaten der jüngsten Generation bereithalten: Die amerikanische Firma Edison Brothers Stores hat den Reiz des angegilbten Raumkreuzers «Enterprise» entdeckt. In vollcomputerisierten Spielzentren, so die Idee, sollen bis zu fünfzig Computer-Spieler gleichzeitig in einem Nachbau der Fernseh-Version des Raumkreuzers Platz nehmen und sich mit dauernd neuen Szenen – etwa wie bei einem Flugsimulator – konfrontieren lassen.

Die US-Firma FASA wiederum versucht, das Raumschiff der Konkurrenz mit einem imaginären Schlachtfeld von 260 Quadratkilometern zu übertrumpfen, auf dem sich bis zu sechzehn schießwütige Mitspieler bekriegen können. Im *Battletech-Center* in Chicago sitzt jeder der Ballermänner in einem eigenen Flugsimulator, umringt von mehr als 60 Schaltern und

100 Kontrollämpchen. Authentisches Feeling vermittelt zudem eine Gegensprechanlage, die jeden Mitspieler mit seinen Alliierten verbindet. Preis für ein zehnminütiges Schlachtfest: rund sieben Dollar.

Mad Dog McCree heißt ein übermannshoher Kasten, der mittlerweile in knapp eineinhalbtausend Exemplaren den ultimativen Videospiel-Kitzel bietet. Denn hier flimmert kein Spielfilm auf dem übergroßen Fernsehschirm – hier bestimmt der Spieler, wie der Streifen weitergeht. Der ist eine knappe Dreiviertelstunde lang und besteht aus rund dreißig abrufbaren Szenen, die auf einer elektronischen Bildplatte gespeichert sind. Mad Dog McCree, den wüsten Bandenchef, und seine Jungs gilt es nacheinander zu erlegen – und zwar mit Hilfe eines Revolvers, der gleich neben dem Münzeinwurfschacht des Geräts montiert ist. Das Überraschende der Veranstaltung: Der Spieler zielt nicht mehr auf abstrakte Strichmännchen wie bei Computer-Animationen der üblichen Art, sondern auf richtige Filmschauspieler, die ihre Knarre gegegen ihn erheben.

Da kommt Gruseln auf. Und deshalb heißt es rasch reagieren. Denn bei dieser elektronischen Interaktion muß der Amateur-Killer mit der Waffe in der Hand für Recht und Gesetz im Wilden Westen sorgen, wenn er nicht aus dem Rennen geworfen werden will. Wie in einem Fantasy-Spiel bastelt er sich je nach seiner Reaktion ein eigenes Drehbuch zusammen. Die passende Anschlußszene liefert ihm die extrem schnelle Speicherplatte: Sinkt einer der Wüstlinge ins Grab, darf der nächste antreten zum Showdown.

Der britische Filmregisseur Peter Greenaway nennt das neue Bildschirmspektakel gar die «Gutenberg-Revolution der audiovisuellen Medien». Die mag es sein – mit allen aufregenden Möglichkeiten, die der Dialog mit dem Bildschirm-Leben birgt, aber auch mit allen Risiken. Wenn der Spieler nicht mit der Knarre klarkommt, kriegt er eine (Fernseh-)Kugel vom Computer verpaßt. Dann ist er hin. Game Over.

Ganz wie im richtigen Leben.

9. Ein Gang durch die Scheinwelt aus dem Chip

Das Ende der Fahnenstange? Noch nicht in Sicht. Denn die nächste Stufe auf dem Weg zur totalen Illusion wird gerade erklommen. Sie verbirgt sich hinter dem – hübscherweise im Jahre 1984 – vom amerikanischen Science-Fiction-Autor William Gibson geprägten Begriff «Cyberspace». Mit diesem Kunstwort beschreibt der Autor die digitale Kunstwelt eines globalen Datennetzes, in dem Menschen- und Computergehirne nahtlos miteinander verbunden sind. In diesem Bit-Universum ist der Fernseh- und Computernutzer kein Tastenklicker mehr – er ist mitten im Programm drin und kann dort völlig losgelöst Spaziergänge in der *virtual reality* unternehmen. *Virtual* bedeutet: scheinbar, fiktiv, möglich, *virtual reality* also scheinbare Wirklichkeit, Scheinwelt, Kunstwelt (eine klare Übersetzung, die es doppelt unsinnig macht, auf deutsch von «virtueller Realität» zu sprechen).

Was sich dahinter verbirgt, ist nicht weniger als das Eintauchen des Menschen in ein von ihm selbst geschaffenes Universum. Denn weit aus unserer Alltagswirklichkeit führt das, was unter den Stichworten «Virtual Reality» und «Cyberspace» in Denkfabriken und Computer-Labors während der letzten Jahre ausgebrütet wurde. Versehen mit Spezialbrille, Kopfhörer, Duftaggregat und Datenanzug wird der interaktive TV-Konsument der nahen Zukunft nicht mehr bloß ins Programm schauen: Nein – er wird mittendrin sein.

Vor das Eintauchen in die neue, die elektronische Wirklichkeit haben die Computerbastler vorerst noch den Schweiß gesetzt. Vorbereitet wird bei professionellen Experimenten der

Einstieg des Reisenden ins neue Universum wie weiland Spaziergänge auf dem Mond. Der «Cybernaut» muß sich an eine Spezialbrille gewöhnen, in die zwei Minibildschirme eingearbeitet sind; er trägt glasfaserverkabelte Handschuhe, eine sensorbestückte Plastik-Kluft und muß bei ausgeklügelteren «Cyberreisen» die Hilfe wuchtigen mechanischen Geräts, vergleichbar etwa einer Tretmühle, in Anspruch nehmen.

All diese Hilfsmittel dienen einzig dem Zweck, die Bewegungen des derart gewandeten Computer-Menschen in digitale, also für die Rechenmaschine lesbare Informationen umzuwandeln. Packt die Hand des Cybernauten aus Fleisch und Blut zu, so folgt die künstliche Hand auf dem Bildschirm exakt dieser Bewegung. Der elektronisch Reisende verfolgt sich per Datenbrille selbst im imaginären Computerdasein – er wird zur Figur im fiktiven Spiel.

Die Mühe der elektronischen Volleinkleidung schreckt die wenigsten. Michael McGreevy, Cyber-Projektleiter der amerikanischen Raumfahrtbehörde NASA, weiß von genügend Digital-Fexen, die ganz wild auf die Reise per Rechenmaschine sind: «Die würden am liebsten sofort in ihren Computer hüpfen.»

Bis sie das perfekt tun können, wird noch etwas Zeit vergehen. Noch ist die elektronische Gegenwelt nicht bis ins letzte Detail ausgefeilt, noch wirken die Aktionen der eingetauchten «Cybernauten» etwas ungelenk. Dessen ungeachtet lockt seit 1992 in Deutschland das erste Cyberspace-Center in Kaiserslautern. Für zwei Mark pro Spielminute befördern zwei aus England importierte Rechner Computerfreaks mit Hilfe von Brille, Kopfhörer und Joystick in – vorerst noch grobgerasterte – Computerwelten. Bleibt zu fragen, wer mehr von der Nummer hat: Der zahlende Cyberspacer, der sich im Spiel *Dactyl Nightmare* aggressiver Flugsaurier erwehren muß – oder die Passanten, die den Spieler bei seinen Verrenkungen durchs Schaufenster begaffen können.

Seriöser scheinen da Projekte wie *Angels*, der erste Virtual-

Reality-Film. Mit sanfter Frauenstimme («Dies ist ein Traum») wird der cybermäßig ausgestattete Zuschauer begrüßt, um anschließend vom Engel seiner Wahl durch einen fiktiven Wundergarten geführt zu werden. Dauer der Veranstaltung: etwas über sieben Minuten.

Längst wird die neue Technik auch in Wissenschaft und Wirtschaft benutzt. Ein japanischer Küchenhersteller bietet seinen Kunden den Service, die neue Einbauküche scheinbar zu begehen – so läßt sich die geplante Anordnung von Türen und Schubladen testen, noch bevor ein einziges Brett gesägt, eine einzige Schraube montiert ist. Für Architekten hält die Cyber-Branche neuerdings ein Programm bereit, mit dem sie zusammen mit ihren Auftraggebern einen Neubau von innen inspizieren können, auch wenn er über das Reißbrett-Stadium noch gar nicht hinausgekommen ist. Der Gag: Bauherr und Architekt können mit einem Fingerschnippen Wände versetzen oder Fenster einbauen, Treppen verschieben und Badezimmer montieren. In der Medizin müht man sich um die Entwicklung eines Anatomie-Simulators: Mit dem sollen künftig Studenten ihr Wissen über den Körper an «elektronischen Leichen» erwerben.

Mehr noch kann die neue Technik für die Lebenden tun. Der Operateur der Zukunft wird zum Beispiel bei schwierigen Eingriffen an einem Kunst-Körper üben können. Den wiederum bescheren ihm die Daten eines Computer-Tomographen, aus denen sich der Rechner ein komplettes dreidimensionales Bild eines Patienten zusammenbaut. An diesem Modell kann nun der Arzt gefahrlos seine Operationsmethode ausprobieren. Genauso lassen sich Endoskope, winzige chirurgische Instrumente, mit einem Datenhandschuh steuern, sogar über Tausende Kilometer hinweg.

Den Operationssaal der Zukunft hat das Team des Mainzer Neurochirurgen Axel Perneczky entworfen: Im Zentrum steht, so prophezeien die Wissenschaftler im Magazin *Focus*, im Jahre 2015 der Operationsstuhl, der für den Arzt zugleich Steuerpult und Werkzeugkasten ist. Der Operateur nimmt dort mit dem Helm auf dem Kopf Platz und ist direkt mit dem Endoskop verbunden, das er wiederum mit jeder Drehung und Wendung des Kopfes in eine andere Richtung lenken kann. Ihm zur Hand geht der Operationsingenieur, der die Geräte bedient, die Funktion der Verbindungen überwacht und auf Wunsch zusätzliche Daten in das Gesichtsfeld des Arztes einblendet. Der Patient schließlich kann bei dieser Technik auf einem Tisch liegen, der am anderen Ende der Welt steht – im Operationssaal wird er nur noch einen Anästhesisten und einen Ingenieur um sich brauchen; die Operation macht der Arzt per Cyberspace.

Weniger aufregende Anwendungen der neuen Technik hat ein Versandhaus entdeckt. Der Kunde der Zukunft soll einen Trenchcoat nicht mehr per Ansicht im Prospekt bestellen, sondern ihn im dreidimensionalen Bild vor sich drehen lassen können, bevor er sich zum Erwerb entschließt. Das könnte manche Enttäuschungen nach dem Kauf verhindern. Eine Münchner Rüstungsfirma entwickelte einen Simulator, der die Landschaft nicht durch den Datenhelm, sondern auf drei Projektionsleinwänden darstellt. Und das amerikanische Militär erprobt seine Kampfeinsätze mittlerweile im sogenannten Simnet, dem «Simulation Network», das die trainierenden Soldaten in eine dreidimensionale Computerwelt eintauchen läßt. In diesem gigantischen Simulator wurden Soldaten schon für den Golfkriegs- und den Somalia-Einsatz gedrillt.

«Wir sehen die *virtual reality* als Erweiterung der Wirklichkeit», sagt Jaron Lanier, amerikanischer Pionier der neuartigen Begegnung zwischen Mensch und Computer, «als Möglichkeit für alle Menschen, auf dieser Welt gemeinsam Erfahrungen in alternativen Wirklichkeiten zu machen.» Das Ziel des Computer-Fachmanns: «die Kommunikation zwischen Menschen zu verbessern».

Keine Frage: Die künstliche Realität, aufgebaut mit Hilfe eines Computers, wird auch die Fernsehwelt in Zukunft bereichern. Dazu nähern sich Fähigkeiten von Bildschirm und Bit-Verarbeitungsmaschine immer weiter an, dazu wird die traditionelle Rollenverteilung – hier passiver Fernseh-Konsument, dort aktiver Computer-Benutzer – immer stärker aufgehoben.

Möglich wird das durch die Explosion der Chip-Technik. Die Datenflut einer Computer-Animation kann mittlerweile von immer kleineren, immer handlicheren und immer billigeren Computern bewältigt werden. Das ist wichtig, denn permanent muß der Rechner, der die Kunstwelt schafft, Bilder erzeugen, die dann, wie bei einem Film, durch rasche Folge den Eindruck von Bewegung vermitteln.

Anders jedoch als im Kino wird dieses Bild nicht auf einem einfachen Monitor gezeigt, sondern in der Datenbrille für jedes Auge auf einen winzigen Bildschirm projiziert. Der Clou dabei: Der Computer errechnet für jedes Auge den entsprechenden Blickwinkel, also ein stereoskopisches Bild, das dem Cybernauten die Illusion vermittelt, sich in einem dreidimensionalen Raum zu bewegen. Vollends verblüffend wirkt die prompte Reaktion des Rechners auf jede *Bewegung* des Betrachters. Dreht er den Kopf, wird die veränderte Perspektive des künstlichen Raums in Sekundenbruchteilen neu berechnet.

Was tut sich da an Möglichkeiten auf! Der salzgebäckknabbernde TV-Konsument, der sich heute noch auf der Couch lümmelt – er wird sich in einigen Jahren nicht mehr irgendein Programm reinziehen, sondern selbst sein Programm gestalten. Und er braucht, wie die amerikanische Zukunftsforscherin Faith Popcorn jüngst prophezeite, «überhaupt nicht mehr vom Sofa aufzustehen, um alle möglichen Abenteuer zu erleben». Ein Trip zum Fischmarkt von Bangkok? Mal kurz auf den Mount Everest? Mit dem Kanu den Amazonas abwärts? Ein Bummel durch den Louvre gefällig oder die Berliner Nationalgalerie? Kein Problem. Einfach die entsprechende Daten-Platte aufgelegt und rein in die Cyberspace-Montur – die Reise kann beginnen.

Ob es überhaupt später noch einer Montur bedarf, ist die andere Frage. Schon jetzt nämlich werkeln Forscher an der Überwindung aller Grenzen zwischen Mensch und Maschine. Ziel der Bemühungen ist der Computer mit «Bio-Interface» – einer Schnittstelle zwischen Mensch und Technik, die ohne Maus und Tastatur auskommt; der Computer soll nur noch mit dem bloßen Willen des Benutzers gesteuert werden.

Erforscht werden die Grundlagen dafür in Militärlabors, ebenso von Tüftlern in Privatfirmen in Amerika und Österreich. Nahziel: Behinderten, die keine normalen Bedienungselemente mehr beherrschen können, die Steuerung technischer Geräte per Gedankenimpuls möglich zu machen. Für die Computer-Zunft tun sich aber noch ganz andere Pläne auf: Ein unvorstellbarer Markt neuer Spiele und «ernsthafter» Programme würde sich durch das Bio-Interface erschließen – bis hin zur Cyberspace-Umgebung, die einzig von Gehirn-Impulsen ihrer Nutzer gesteuert wird. Ergebnis: die totale Perfektionierung der neuen, der besseren Wirklichkeit.

Verstärkt wird dieser Trend nach Ansicht der amerikanischen Zukunftsforscherin durch das jetzt schon wahrnehmbare gesellschaftliche Phänomen des «Cocooning», des «Einspinnens» in die eigenen vier Wände. Ihm wird, so Faith Popcorn weiter, eine verschärfte Stufe am Ende unseres Jahrzehnts folgen: das «Burrowing», das Sich-Verschanzen. Ihre Prognose: «Ende der neunziger Jahre wird fast jeder Haushalt einen Raum für virtual reality haben.»

Wahrscheinlich wird dieser Raum die ausrangierte Garage sein. Ein Auto braucht der Cybernaut nämlich für seine Entdeckungsreisen nicht mehr. Die Kunstwelt aus dem Computer bringt, wie die *Neue Zürcher Zeitung* 1992 räsonierte, «einige der großen Fragen über das Reisen zur Sprache: die Frage nach der Mobilität und deren Grenzen, nach der Bedeutung der Bilder sowie nach dem Wirklichkeitsverständnis der Reisenden».

In der Tat: Wie verhält sich's mit Schein und Sein, mit Ding und Abbild, Original und Fälschung? Die 1 318 916 Amerikaner, Japaner und anderen Kulturbeflissenen, die allein 1992 die steile Klippe von Schloß Neuschwanstein hinaufpilgerten, störte es nicht, daß die mittelalterliche Traumburg der größenwahnsinnigen Historisiererei des ausgehenden 19. Jahrhunderts entsprang. Die prähistorischen Höhlenmalereien von Lascaux, 1940 entdeckt, mußten schon 23 Jahre später vor dem Ansturm der Besucher und den Schimmelpilzen, die sie einschleppten, geschützt werden. Die Grotte wurde geschlossen. Dennoch zieht sie unverändert Touristenscharen in ihren Bann: Eine getreue Nachbildung der Höhle samt ihrer berühmten Malereien, ganz in der Nähe des Originals, macht's möglich. Michelangelos monumentaler David, der die Florentiner Piazza della Signoria beherrscht? Eine Marmor-Kopie. Das Original steht zum Schutz vor fettigen Touristenfingern, Souvenir-Vandalismus und der dicken Florentiner Luft im Museum nebenan.

Am kühnsten griff 1994 die *Süddeutsche Zeitung* in die Zukunft: Sie pries die «famose Idee der venezianischen Kulturbehörden, für den Markusdom einen Numerus Clausus zu fordern». Die mehr als fünf Millionen Besucher, die jedes Jahr das byzantinische Bauwerk beehren, schleifen mit ihren Schritten den kostbaren Mosaikboden der Basilika zu Marmorstaub. Einziger Ausweg aus der Misere des Massen-Tourismus und seinen Verwüstungen durch Souvenir-Sammler, Initialen-Kritzler oder Exkrementen-Hinterlasser sei die Totalschließung aller berannten Dome, Katakomben, Höhlen und Grabkammern, kurz «die radikale Rettung des Weltkulturerbes durch Ausschluß der Menschheit».

Und was ist mit all jenen Freizeitparks, die den Besucher mehr oder minder gekonnt auf ein paar Quadratkilometern durch drei oder vier Jahrtausende Menschheitsgeschichte hetzen? Hier trägt übrigens schon die computergesteuerte Simulation zur Perfektionierung des Erlebens bei. Da ist kein großer Schritt mehr von Disneyland bis zur *virtual reality* und damit zu jener Grundfrage, die dieses Buch stellt: Warum denn noch reisen und dabei Ressourcen und Devisen vergeuden, die Umwelt verpesten und fremde Kulturkreise stören, wenn es überhaupt keinen Unterschied mehr gibt zwischen Erlebtem aus erster und zweiter Hand? Ja, wenn ich sogar Ort und Zeit, Menschen und Begegnungen selber bestimmen darf, gefahrlos, ökologisch, jederzeit reproduzierbar – und das, ohne meine eigenen vier Wände verlassen zu müssen?

Reisen in die Kunstwelt seien insofern ideal, schreibt der Schweizer Journalist Sergio Aiolfi treffend, «als die vermehrte Erfüllung individueller Urlaubswünsche keinen zusätzlichen Mobilitätsbedarf schafft». Wie wahr! Wenn von der Decke unseres Cyberspace-Raums noch eine Höhensonne baumelt, wie die *FAZ* zu bedenken gab, «kommt man vom elektronischen Ausflug in die Südsee sogar braungebrannt zurück».

Dann bleibt nur noch die Frage, welcher Sinne des Menschen sich die Technik als nächstes annimmt, um die künstliche Wirklichkeit endgültig attraktiver zu machen als ihr Vorbild. Grenzen dafür gibt es anscheinend nicht, wie der Computer-Fachbuchautor Howard Rheingold aus Kalifornien belegt. Getreu der Devise, daß die besten Orgasmen im Kopf passieren, versucht er schon mal, sich was ganz Pikantes vorzustellen: Wie wäre es wohl, Sex mit einem Computer zu haben? Gleich mehr.

10. Sex mit der Monroe

Wahrheitsliebend und zukunftsoffen, wie wir sind, dürfen wir die delikate Spitze der technischen Möglichkeiten am künftigen Multimedia-Terminal nicht verschweigen: Sex per Computer. Das ist notgedrungen ein Stoff, der mitunter die Schamschwelle überschreitet; der Leser ist gewarnt und darf natürlich dieses Kapitel überschlagen.

Schon in der Frühzeit der Computer-Ära erkannten etliche Programmierer, daß ihrer zunächst überwiegend männlichen Klientel zur Erholung von Programmiersprache oder Tabellenkalkulation ein wenig elektronische Erotik gut gefiel. Mit schnelleren Rechnern, verbesserter Grafik und optimiertem Sound überschwemmten in den letzten Jahren Porno-Programme den heimischen PC.

Berühmt wurde etwa *Virtual Valerie*, eine gutgebaute Blondine, die den CD-Rom-Nutzer des gleichnamigen Programms in ihr Apartment entführt und sich ins Schlafzimmer abschleppen läßt. «Dort warten diverse Gegenstände darauf, cursorgeleitet in Valeries Körperinneres einzudringen», schrieb der *Stern* über den Fortgang des Programms; «computergraphisch» sei das zwar beeindruckend, inhaltlich aber ein eher schlichtes Vergnügen.

Das hat *Virtual Valerie* mit den meisten Sex-Programmen gemein. Zwar hat der wohl zumeist männliche Nutzer den Fortgang des Geschehens fest in der Hand – mit dem «Joystick», dessen amerikanische Bezeichnung in dieser Nutzungsform plausibel wird; doch ist die Entscheidung darüber, ob die virtuelle Gespielin den Slip fallen läßt oder die Peitsche schwingt, im Zweifelsfall kaum spannender als das gute alte Pornoheft mit seinen unbewegten Bildern.

Bizarrer als solche Porno-Programme ist eine zweite Möglichkeit, Computersex zu treiben. Sie beschäftigt weniger die Augen als die Hände: Die nämlich müssen auf dem Keyboard tippen, um erotische Signale an Unbekannte auszusenden oder die Botschaften von Unbekannten auf dem eigenen Computerschirm zu versammeln. Möglich macht das, vor allem in den USA, die weit fortgeschrittene Vernetzung von Computern. Das größte der Netze, Internet, verbindet über 8000 kleinere Computernetze und wird mittlerweile von annähernd 30 Millionen Menschen genutzt – mehr als die Einwohnerzahl von Kanada.

In den Vereinigten Staaten können sich Computerbesitzer seit Jahren schon per Modem oder Datenfernleitung in den meisten Großstädten zum Ortstarif in solche Datenbanken einklinken. Zu Beginn der neunziger Jahre existierten nach Schätzung von Computer-Experten weltweit rund 60 000 Informations-Knoten, genannt BBS (Bulletin Board System). Sie sind so etwas wie Schwarze Bretter oder Treffpunkte der Computer-Freaks, die mit Hilfe ihrer Modems durch die Telefonnetze streifen und, je nach ihren Interessen und Hobbys, mit den verschiedensten Gesprächspartnern in den elektronischen Dialog treten.

Und über was redet man am liebsten? Natürlich über das Eine. «Let's talk about sex!» lautet die Losung der sogenannten Adult BBS. Ihre Namen sind Programm: *Brooklyn Perverts*, *Obsessions BBS*, *Orgasm BBS* oder *The Petting Zoo* laden den geneigten Sexmaniac zum Schreibverkehr per Terminal. Was da alles läuft, offenbarte in der Zeitschrift *Tempo* ein computerversessener Schüler namens Oliver: «Du kannst dir Bilder und Movies runterladen und du kannst Mädchen treffen, die es im rl nicht gibt» – wobei rl die verächtliche Abkürzung für das Leben aus erster Hand darstellt, «real life».

Ob nun Oliver so denkt oder der Redakteur, der ihn erfunden haben mag: Allen Olivers bietet die elektronische Wirklichkeit das, wovon sie in ihrer öden und verklemmten Realität nur träumen können. «Eine meiner frühesten Phantasien war, daß ich jedem Mädchen befehlen konnte, den Schlüpfer runterzulassen», erzählt Oliver. «Ich hatte schon Computersex-Träume, lange bevor ich meinen ersten Computer bekam: daß ich alle Aufmerksamkeit erhalte und daß das, was ich tue, sei es noch so ausgefallen, nie schlimme Folgen hat.»

Nie schlimme Folgen, ganz gleich, wie ausgefallen das sein mag, was man sich wünscht und tut: Gibt es ein schlagenderes Plädoyer für die neue Wirklichkeit als das wohlige Gefühl, alle Freiheit zu genießen, ohne ihre Gefahren fürchten zu müssen? Dementsprechend locker geht es beim Sex-Talk *on line* zu. «Ich bin groß, weißhäutig und wenig behaart, sehr dünn und sehr aktiv», meldet sich etwa Dirk, Medizinstudent, Mitte 20. «Letzteres gilt auch für meinen Schwanz.» (Natürlich haben wir gezögert, dies wörtlich zu zitieren. Aber . . . statt des Wortes wäre kaum weniger obszön, nur sehr viel lächerlicher; und jegliches Beispiel unterschlagen hieße den Informationszweck dieses Buches gefährden.) Verena hingegen meldet sich mit einer «tollen Erfahrung: zwei Schwänze. Beide waren zugleich in mir, es war unglaublich gut, und ich hatte einen gigantischen Orgasmus!»

Den letzten Genuß freilich bietet der Computer nicht an: der Benutzer bleibt auf präelektronische Handarbeit angewiesen. Doch der Mensch ist erfinderisch. Der *Stern* berichtete von einem 31jährigen Computerfreak, der sich zur geregelten Triebabfuhr einer eigens konstruierten Fellatio-Maschine mit Latex-Schlund bedient, die mit dem PC gekoppelt wird. «Die Intensität der Erektion steuert das Pornobildprogramm: Je dicker, desto drastischer die Fotos, je drastischer die Fotos, um so intensiver die Saugbewegungen des computeranimierten Oraltoriums.» (Hier beziehen wir uns auf unseren eingeklammerten Kommentar einen Absatz weiter oben. Was ein Oraltorium sein soll, teilt der *Stern* nicht mit, offenbar im Vertrauen auf die Bekanntheit der beiden ersten Silben.)

An dieser Stelle entsinnen sich Tüftler und Bastler der Möglichkeiten, die wir im vorigen Kapitel beschrieben haben. Was liegt näher, als den *Data-Suit* um ein paar Sensoren und Reiz-Einrichtungen an bestimmten Körperregionen zu komplettieren, sich an den Heimcomputer anzustöpseln und dann per Datenleitung zum Fernverkehr zu schreiten? Das dachten sich jedenfalls die Macher der Trend-Zeitschrift *Future Sex* in San Francisco. Per Computergrafik erfanden sie die passende Kluft für den sogenannten «Cybersex»: Latex- und Kunststoff-Vorrichtungen, die, um Brust und Lenden geschnallt, dem männlichen wie dem weiblichen Nutzer den elektronischen Sexgenuß ermöglichen sollten. Das Ganze hatte allerdings einen Haken: Es war eine Ente – was sich bisher noch nicht überall herumgesprochen hat. «Noch heute rufen jeden Tag Dutzende an, die jede Geldsumme für die Anzüge bezahlen würden», berichtete *Future Sex* dem *Stern*. «Dabei war das alles nur ein Witz. So weit ist die Technik noch lange nicht.»

Doch alle Hoffnung müssen die Freunde der elektronischen Masturbation nicht fahren lassen. Nicht im kalifornischen Silicon Valley, dafür gleich um die Ecke in Köln basteln an der Kunsthochschule für Medien zwei Mitarbeiter im Computerlabor an ihrer Version der Sex-Maschine: Kirk Woolford aus den USA und Stale Stenslie aus Norwegen. Ihre Variante von Computersex haben sie zusammengebastelt aus Macintosh-Computern, Data Suits, die mit Sensoren und Impulsgebern bestückt und mit den Rechnern gekoppelt sind, sowie einer ISDN-Telefonleitung zur Datenübertragung.

Es bleibt das Problem: Um körperliche Reize wirklich an allen Ecken und Enden empfinden zu können, müssen sich die Cyber-Sexer mit einem Wust von Kabeln, Schnallen, Latexbändern und Vibratoren behängen. Da gibt es etwa ein «Head-Set für Voice und Kommunikation», einen «Brust-Stimulator», den man sich wie einen lebendig gewordenen BH vorstellen kann, und sogenannte «Bio-Feedback-Bänder». Komplettiert wird die Ausrüstung durch «Vaginal»-, «Axial»- und «Anal»-Vibratoren, «Touch-Pads» und den «Bio-Feedback-Glove» als Berührungsauslöser.

Mit Hilfe dieser monströsen Ausrüstung treten die Versuchspersonen in Aktion: Auf dem Bildschirm vor sich entwerfen sie ihre jeweiligen Wunschkörper, die sie ihrem Partner präsentieren, können aber gleichzeitig den Leib des Mitspielers verändern. Wann immer einer der Cybernauten einen Punkt auf dem Körperbild des anderen berührt, setzt die Maschine via Datenleitung, Computer und Daten-Anzug diese Berührung in einen Körperimpuls um. In einem Selbstversuch beschreibt eine Reporterin des Stadtmagazins *Prinz* ihre Gefühle folgendermaßen: «Ohne daß ich mitkriege warum, surrt es unmotiviert an meiner Möse. Da rubbelt es am Bauch, ein kleiner Elektroschock zischt durch meine Beinchen, es klappert auf der Brust . . .» Fazit der Testperson: «Das war nun ein bißchen dünne.»

Mag sein. Doch die Technik schreitet nicht fort, sie explodiert. Schon in wenigen Jahren, da sind sich die Cybersex-Propheten sicher, wird die Multimedia-Technik auch für den Sexfan so perfekte Erlebnisse aus zweiter Hand anbieten, daß die alte Wirklichkeit dagegen verblaßt – davon zeigte sich der Programm-Entwickler Stale Stenslie im *Prinz*-Interview überzeugt. Irgendwann werde Cybersex einfach besser und dabei billiger werden. Dann sei der Orgasmus per Maschine Realität: «Wir bewegen uns in phantastischen, erleb- und erfühlbaren Computerwelten. Wir können all unsere dreckigen kleinen Phantasien ausleben. Wir können es mit Schauspielern machen. Wir können es mit Mutter machen. Wir können es mit Hunden und mit Fabelwesen machen. Und wenn wir es genug gemacht haben, dann können wir die alle auch tot machen. Das wird Klasse.»

So erschreckend diese Phantasie anmutet – wir sollten froh sein, daß einer sie eingesteht. Denn an diesem Beispiel wird ein weiterer, unübertrefflicher Vorteil der elektronischen Realität offenkundig: Niemand muß mehr andere quälen, um sich seine verborgenen kleinen Wünsche zu erfüllen. Ob Sadist, Masochist oder Sodomit – die Zukunft der Computertechnik wird es ihnen allen ermöglichen, ihren bislang kaum sozialverträglichen Trieb gefahrlos für sich und vor allem ihre Mitmenschen auszuleben.

Hinzu kommt die Möglichkeit, die Oliver erwähnt, der schon zitierte Computerfreak: sich elektronisch mit all jenen Sexualpartnern zu «treffen», denen man in der herkömmlichen Wirklichkeit, wenn überhaupt, nur umringt von Bodyguards und auf dreißig Meter Abstand begegnen würde. Ein *date* mit Linda Evangelista, Claudia Schiffer, Kate Moss gefällig? Kein Problem, wenn ihre Daten erst einmal auf CD-Rom gespeichert sind. Und selbst die junge Marilyn Monroe läßt sich wieder zum Leben erwecken – indem genügend Film- und Bildmaterial von ihr digitalisiert und vom Computer aufbereitet wird; die Filmtechnik arbeitet daran.

Sex ohne Grenzen – wie will da die alte Wirklichkeit noch mithalten? Im Cybersex lassen sich alle unerreichbaren Abenteuer mit allen unerreichbaren Partnern in allen unerreichbaren Varianten durchspielen – ohne jedes Risiko von Aids, Syphilis und Ehekrach, «kein Frühstück danach, keine Polizei und keine Körpergerüche», heißt das Lob von Stale Stenslie.

Über seine erste Liebesnacht, mit einem Ladenmädchen, schrieb Franz Kafka später an seine Brieffreundin Milena, Genugtuung empfunden habe er nur darüber, «daß ich endlich Ruhe hatte vor dem ewig jammernden Körper, vor allem aber bestand das Glück darin, daß das Ganze nicht noch abscheulicher, nicht noch schmutziger gewesen war.» Physisch schmutzig ist am Computer gar nichts. Wie man es auch dreht und wendet: das wird man einen Fortschritt nennen müssen.

Die Kunstwelt
und die
Wirklichkeit

II. Wie das Fernsehen
die Wirklichkeit neu inszeniert

Kein Zweifel: Wir brauchen sie immer weniger, die gute, die abscheuliche alte Wirklichkeit, die mit dem Regen, dem Gedränge, dem Gestank. Immer mehr von ihr holt uns das Fernsehen in die Wohnung (ohne Regen, Gedränge und Gestank), ja zum Teil überholt das Fernsehen die Realität und erfindet sie zum zweitenmal.

Das Wechselspiel zwischen dem Leben aus erster und dem aus zweiter Hand – so alt wie das Kino und die Braunsche Röhre – trat in ein neues Stadium mit dem sogenannten *Reality-TV*. Sein Vorläufer ist seit 1967 die gesellige Verbrecherjagd mit dem Titel *Aktenzeichen XY – ungelöst*. Der Fernseh-Fahnder Eduard Zimmermann hetzt Fernsehkonsumenten auf Mörder und Heiratsschwindler, Einbrecher und Scheckbetrüger. Sein Erfolg beweist die Macht des elektronischen Steckbriefs: Über 750 gesuchte Dunkelmänner konnte die Polizei dank der Hinweise aus dem Publikum in Deutschland, Österreich und der Schweiz bisher dingfest machen.

Diesmal kamen die Amerikaner später; aber dann war kein Halten mehr. *Aktenzeichen XY – ungelöst* heißt in den USA *America's most wanted*; ein billig zu produzierendes Programm, das aus der Masse der Sendungen hervorragen und so das Zuschauerinteresse wecken sollte. Das gelang, in den USA genauso wie in der Bundesrepublik. 1992 bescherte uns RTL seine Sendung *Notruf*. Fast sechs Millionen Zuschauer verfolgten gebannt, wie ein verschütteter Junge knapp vor dem Ersticken ausgebuddelt wurde, ein Bergsteiger sich in seinem

Seil verhedderte und ein Dreijähriger Omas Wohnung ein-
äscherte.

Dann ging's Schlag auf Schlag: *Augenzeugen-Video, Retter,
Auf Leben und Tod, Wahre Wunder, Spurlos, SK 15. Das Kri-
minalmagazin* und so weiter – die Zuschauer haben alle
Kanäle voll davon. Das *Augenzeugen-Video* funktioniert nach
folgendem Strickmuster: Amateur-Videos, Interviews mit den
Herstellern dieser Filme und mit Personen, die in den Filmen
vorkommen, werden zusammengemixt mit nachgestellten
Szenen; untermalt wird die Szenerie häufig von wummernder
Musiksoße, die das alles akustisch gefährlicher machen soll.
Die Ansage tut ein übriges, um die Stimmung anzuheizen:
«Was Sie jetzt sehen, ist wahr!» schwört etwa der Moderator
bei *Auf Leben und Tod* und fährt fort: «Echte Cops, authen-
tische Fälle, dunkle Machenschaften. Geschichten, von Polizi-
sten erzählt, die alles dies erlebt haben und es bis an ihr
Lebensende nicht vergessen werden.»

Der Zuschauer wohl auch nicht. In den beiden Pilotsendungen von *Augenzeugen-Video* waren in Filmausschnitten und –
soweit die darin Agierenden das Glück gehabt hatten zu überleben – im anschließenden Interview zum Beispiel eine
schwangere Frau zu sehen, die aus einem brennenden Haus
springt und kurz darauf mit einer Frühgeburt niederkommt;
außerdem eine Sporttaucherin, die von einem Wal in die Tiefe
gezogen wird, dabei gefilmt von ihrem Mann; Menschen auf
der Flucht vor einem Hurrikan sowie ein Polizist, dessen Kamera, in seinem Wagen versteckt, seine eigene Ermordung
durch zwei mutmaßliche Dealer festhielt.

«Spannenderes Fernsehen gibt es nicht», sagte der Moderator von *Augenzeugen-Video*, Olaf Kracht. Es seien «faszinie-
rende Bilder von Menschen, die zufällig zur richtigen Zeit am
richtigen Platz waren». Daß es davon eine Menge gibt, dafür
sorgte Kracht mit Begeisterung: Allein sechsmal sprach er in
den beiden Pilotsendungen von der Faszination der Bilder und
fügte am Ende der Sendung den Aufruf an: «Waren Sie auch

schon mal ein Video-Augenzeuge? Dann melden Sie sich, rufen Sie uns an, schreiben Sie uns. Vielleicht wird Ihr Video demnächst andere Zuschauer faszinieren.»

Das tut's auf jeden Fall. Ob eine tödliche Schießerei in einem Billard-Café gezeigt, ein Report von spanischen «Blutfesten» angekündigt oder eine Geiselnahme in einer amerikanischen Schule angeboten wird, oder ob, in anderen Erzeugnissen der Reality-Reihe, Unfallopfer auf dem Weg ins Krankenhaus oder Feuerwehrmänner beim Weg zum Brandherd beobachtet werden – immer spüren die Zuschauer jenes wollüstige Gefühl, das der RTL-Chef Helmut Thoma einst in den genialen Satz kleidete, Reality-TV biete «das unsägliche Glück, bei einem Unglück dabeizusein». Seine Pressestelle formulierte es komplizierter: Reality-TV erfülle «ein Grundbedürfnis von Menschen in modernen differenzierten Gesellschaften: Es gleicht Erfahrungsdefizite aus».

Offenbar vermag das sogenannte Wirklichkeitsfernsehen einen Trieb zu befriedigen, der tief in uns verwurzelt ist: den der Schadenfreude. Ob umstürzende Bäume teure Autos zusammenfalten oder ein Torero von der gequälten Kreatur auf die Stierhörner genommen wird – wir spüren ein Prickeln, vielleicht sogar wollüstige Schauder.

Wie üblich, ruft auch dieses Verlangen die Kritiker auf den Plan. Ihre Koalition umfaßt die Kreisbäuerin im Bayerischen Bauernverband ebenso wie den Vorsitzenden der SPD-Medienkommission, den Hamburger Feuerwehrchef und den hessischen Innenminister. Genauso unterschiedlich sind die Motive des Widerspruchs. Gegen die «Überflutung unserer Kinder mit Gewalt-, Horror- und Sex-Szenen» wendet sich der Einspruch der Landfrauen; «völlig überflüssig» sind für den Medienfachmann die Sendungen des Genres; die Feuerwehr will «*schnell* löschen, aber nicht medienwirksam»; und der hessische Minister fürchtet Verletzung von Persönlichkeitsrechten.

Schweres Geschütz fuhr die «Bundesvereinigung der Arbeitsgemeinschaften Notärzte Deutschlands» auf. Sie sieht im Genre nur die «Befriedigung der niederen Instinkte und des Voyeurismus» und forderte ihre Mitglieder auf, nicht mehr an Reality-TV-Sendungen teilzunehmen. Der Vorsitzende des Bundestags-Rechtsausschusses will gar eine Ethik-Kommission, um «Perversionen wie den angeblichen Wirklichkeitssendungen» Einhalt zu gebieten.

Da fühlen sich die Fernsehmacher nun doch verkannt. Der RTL-Chef beschwerte sich über «die pauschale Verurteilung einer ganzen Sendeform» und sagte, viele Kritiker wüßten gar nicht, worüber sie sprächen. So werde über die Sendung *Notruf* immer wieder behauptet, daß sie Berge von Leichen zeige; tatsächlich jedoch seien in 90 Folgen ganze 3 Todesfälle nachgespielt worden.

Schützenhilfe kriegen die Fans des Wirklichkeits-Fernsehens auch von juristischer Seite. «Die Beiträge bewegen sich bis auf Ausnahmen im Rahmen der grundgesetzlich garantierten Programmfreiheit und verstoßen nicht gegen rundfunkrechtliche Vorschriften oder das Strafgesetzbuch», sagt Gernot Schumann, Direktor der unabhängigen Landesanstalt für Rundfunkwesen in Kiel. «Sie sind in erster Linie eine Frage des Geschmacks.»

Über den läßt sich bekanntlich nicht streiten. Außerdem hat der TV-Konsument und Reality-Fan jenes bedenkenswerte Argument auf seiner Seite, das Barbara Sichtermann in der *Zeit* formulierte: «Fernsehen kommt immer erst danach», schrieb sie. «Die Gewalt, die es in Comics, Western, Krimis, Nachrichten und neuerdings im ‹Reality-TV› anbietet, ist längst da, bevor das Fernsehen sie inszeniert, ritualisiert und ästhetisiert. Auch der Voyeurismus, auf den Pornos und ähnliche Sendungen spekulieren, ist vorhanden, bevor diese Programme ihn bedienen.»

Vorausschauend hatte der Schriftsteller Ray Bradbury schon 1950 in seinem Science-Fiction-Roman *Fahrenheit 451* die Medienwelt des Wirklichkeitsfernsehens erahnt. Hier unterhält sich die fiktive Zivilisation, indem sie Polizeiaktionen und die Bestrafung von Verbrechern live begleitet – wie es dann 1994 mit dem ehemaligen Football-Star und späteren Fernseh-Kommentator und Schauspieler O. J. Simpson wirklich geschah. Als er in den Verdacht geriet, seine Frau und ihren angeblichen Geliebten ermordet zu haben, nahm ganz Amerika per TV an einer der wunderlichsten Fluchten der Kriminalgeschichte teil. Verfolgt von einem Dutzend Streifenwagen, umschwirrt von Hubschraubern, aus denen Kamerateams ihre Objektive auf Simpsons Auto richteten, rollte der Verdächtige stundenlang, ohne die erkennbare Absicht zu fliehen, über die Straßen von Los Angeles, bis er sich schließlich der Polizei ergab.

Durchs Fernsehen hatte sich die Nachricht von seiner Fahrt wie ein Lauffeuer verbreitet; und prompt nahmen die Amerikaner Platz in der ersten Reihe: Wer nah genug wohnte, stellte sich in altmodischer Weise einen Gartenstuhl an den Straßenrand des von Simpson bevorzugten Highways und wartete auf das Erscheinen des merkwürdigen Zugs. «Go, O. J., go!» schrien die Fans des ehemaligen Spitzensportlers, als der Wagen mit seiner Eskorte vorbeirollte. Und im ganzen Land hockten Millionen von Amerikanern vor ihren Fernsehschirmen und beobachteten die absurde Verfolgung in Echtzeit – besser informiert als jeder, der direkt dabei war.

Sogar die Polizei machte es sich am Bildschirm bequem. Im Hauptquartier saßen die Eingreifkommandos «wie jedermann sonst auch vor dem Fernseher und folgten der Route des Fluchtwagens», schrieb das Nachrichtenmagazin *Time* über die merkwürdige Szenerie. Den tieferen Grund für Simpsons Entscheidung, eine Art Defilee durch die Stadt zu halten, enthüllt eine Episode aus seinem Leben: Nach seiner Sportlerkarriere hatte sich der smarte Schwarze als Kommentator bei ABC dem Bildschirm zugewandt. Dabei half ihm der legendäre Schauspiellehrer Lee Strasberg, der jedoch seine Bemühungen für vergeblich erklärte. Nicht weil Simpson kein Talent habe, ganz im Gegenteil: «Er ist schon längst ein Schauspieler», sagte Strasberg, «und zwar ein ausgezeichneter. Ein Naturtalent.» Solche Leute braucht das Medium.

Unsereiner aber *unterhält* sich nicht nur beim Reality-TV – zum Staunen der Kritiker *lernt* er sogar was. Galt es bis dahin als ausgemacht, daß die Programme des Wirklichkeitsfernsehens eigentlich nur negative Wirkungen auf ihre Zuschauer hätten, so weht seinen Gegnern neuerdings ein scharfer Wind entgegen. Entfesselt hat ihn der Sozial- und Medienwissenschaftler Jürgen Grimm von der Universität Mannheim mit dem Forschungsprojekt namens *Medien: Simulation und Wirklichkeit.*

Diese Studie untersucht die Wirkung der RTL-Sendung *Notruf* auf die Zuschauer. Das verblüffende Ergebnis: «*Notruf*-Zuschauer werden keine wüsten Rohlinge», im Gegenteil: Die Reality-Sendung regt die Zuschauer sogar zu mehr Hilfsbereitschaft an. Gefördert wurde das Forscherteam, wie der Informationsdienst *Medien-Kritik* vorsorglich feststellte, nicht etwa vom Sender RTL, sondern von der honorigen Deutschen Forschungsgemeinschaft.

Die Wissenschaftler zeigten insgesamt 105 Probanden drei Beiträge der Sendereihe, in denen verschiedene Unglücksopfer jeweils durch Feuerwehrleute, gleichaltrige Freunde oder zufällig des Wegs Daherkommende vor dem Tod durch Wasser, Feuer oder Unfallfolgen bewahrt werden. In einem komplizierten Mix wurden den Versuchspersonen die dreigeteilten Filme, jeweils aus Unglück, Rettung und belehrendem Fazit zum Abschluß bestehend, in verschiedenen Auszügen präsentiert; dabei maßen die Forscher über Hautleitfähigkeit und Herzfrequenz die Reaktionen des Körpers. Die des Geistes erhoben sie in einem Fragebogen.

Die Mannheimer Untersuchung bewies: «Das Anschauen von zwei *Notruf*-Beiträgen führte dazu, daß die Testpersonen nach dem Filmerlebnis hochsignifikant, d. h. unter Ausschluß zufälliger Einflüsse, zu mehr Hilfsbereitschaft neigten.» Auch trage die Reality-Sendung, im Gegensatz zu landläufigen Vorstellungen, nicht zu einer verängstigten Weltsicht der Zuschauer bei, im Gegenteil: Die Filmreihe reduziere diese Angst sogar. «Trotz zeitweiliger Schockerlebnisse» lasse *Notruf* die «Welt alles in allem etwas freundlicher erscheinen».

Und es gibt noch weitere Nachrichten, die ein gutes Licht auf das Genre werfen. Der Sprecher des Deutschen Feuerwehrverbands, Wolfgang Hornung, lobt die SAT1-Sendung *Retter*: «Durch diese Sendung werden die Arbeit und der Alltag der oft ehrenamtlichen Feuerwehrleute gezeigt. Außerdem werden den Zuschauern Tips gegeben, wie sie sich bei Gefahrensituationen verhalten sollen.»

Deshalb gibt es auch innerhalb der Rettungsdienste, bei Notärzten, Feuerwehrleuten und Sanitätern, der Kritik mancher Verbandsfunktionäre zum Trotz, immer noch genug Reality-Befürworter, die gern mit den Sendern zusammenarbeiten. Den Zuschauern ist das nur recht. Laut einer Forsa-Umfrage hielten 69 Prozent der Befragten die Sendung *Notruf* für informativ und 60 Prozent für lehrreich. Zwei Drittel der tausend interviewten Zuschauer gaben ihr die Note «sehr gut» oder «gut».

Nach massiver Kritik an allzu blutrünstiger Darstellung hatten die Sender ihre Konzepte für Reality-TV verfeinert. Im Mittelpunkt steht bei den meisten Ausstrahlungen nicht mehr die Leiche in Großaufnahme, sondern, moralisch vertretbar, der pädagogisch unterfütterte Appell an die Hilfsbereitschaft des Fernsehzuschauers. Ein Beispiel aus der Reihe *Retter*: Nach einer dramatischen Reportage über eine Gasexplosion in Rudolstadt, die zum Einsturz eines Wohnhauses führte, wandte sich der Moderator ans Publikum, um es ernsthaft zu ermahnen, im Unglücksfall Hilfe herbeizuholen: «Wählen Sie 112!» Ein anderer Bericht des gleichen Magazins beschäftigte sich mit den fatalen Folgen zugeparkter Rettungwege für die Feuerwehr – und vor allem für diejenigen, die ihrer Hilfe bedürfen.

Mittlerweile geht das Reality-TV noch einen Schritt über

das Nachstellen der Wirklichkeit hinaus. Das erwähnte Magazin *Retter* etwa kam auf die Idee, einen «Retter des Monats» zu küren. Natürlich erwischte es als erstes einen Prominenten, nämlich den damaligen SPD-Kanzlerkandidaten Rudolf Scharping: Er hatte nach einem Autounfall Erste Hilfe geleistet. Doch nicht nur die mutigen Helfer wurden vom Sender für ihren Einsatz belohnt, sondern auch diejenigen, die sich zumindest für den Eventualfall vorbereiten: «Wer im letzten halben Jahr seine Erste-Hilfe-Kenntnisse aufgefrischt hat oder sie im nächsten halben Jahr auffrischen will, der soll eine Bestätigung an SAT 1 schicken», ließ der Sender vermelden. Dafür bekomme der Einsender einen Aufkleber mit dem Aufdruck: «Ich bin ein Retter».

Auch hier überwindet das Medium wieder die Grenze zur Realität, diesmal in umgekehrter Richtung: Aus der nachgestellten Wirklichkeit destillierte es den Appell an die Zuschauer, in ihrer alten Wirklichkeit aktiv zu werden – damit sie in der neuen Realität, in der Sendung also, als «Retter des Monats» ausdrücklich gelobt oder zumindest mit der Zusendung eines «Retter»-Aufklebers belobigt werden können.

Der moralische Appell und die Hinweise für umsichtiges Verhalten in Unglücksfällen seien nicht so fadenscheinig gemacht, daß man sie einfach als Alibi-Veranstaltung abtun könnte, bemerkt dazu die *Medien-Kritik*. Im Gegenteil: «Sollte der Appell zur Hilfsbereitschaft auch nur bei einem einzigen Zuschauer ankommen, wäre das schon ein Pluspunkt für die Programmverantwortlichen.»

Den können sie sich schon mal gutschreiben. Unbestritten ist etwa, daß seit Erscheinen der Reality-Sendungen die Feuerwehren derartig Zulauf erhalten, daß einige Kommunen nicht genug Uniformen zur Verfügung hatten, um die herbeiströmenden Freiwilligen sofort einzukleiden. Nach Schätzung von Tony Barnes, Sprecher der deutschen Jugendfeuerwehr, herrschte 1992 elf Prozent mehr Andrang als noch im Jahr davor.

Ein Problem ist freilich bei all dem Wohlwollen nicht zu lösen: Wer die Wirklichkeit neu inszeniert, kann der Versuchung erliegen, sie dabei vorsätzlich zu verfälschen. Der amerikanische Fernsehgigant NBC wollte nachweisen, daß ein neuer Lieferwagen von General Motors gemeingefährlich sei, weil bei einem Seitenaufprall der Benzintank explodieren könne. Und tatsächlich zeigte NBC, wie ein solcher Kleinlaster in Flammen aufging – nur daß die Explosion mit Hilfe funkgesteuerter Brandsätze herbeigeführt worden war. General Motors roch den Braten und zog vor Gericht; NBC verlor und mußte sich 1993 im eigenen Programm entschuldigen. (Woraus wir leider *nicht* folgern dürfen, daß nur dort gefälscht wird, wo einer widerrufen muß.)

Harmloser und doch ziemlich irritierend war der Trick, den sich das iranische Staatsfernsehen zur Fußballweltmeisterschaft von 1994 einfallen ließ: Wenn die Kamera zu den Zuschauern schwenkte, sah man diese, mitten im amerikanischen Sommer, in Wintermänteln im Stadion sitzen – offenbar aus alten Sendungen hineingeschnitten, um die vielen «unislamisch» leicht bekleideten Frauen nicht zeigen zu müssen.

In was für falsche Mäntel mögen sich die echten Darsteller der Serie *Das wahre Leben* gewickelt haben? Im Herbst 1994 strahlte der Sender Premiere eine delikate Variante der nachgestellten Wahrheit aus – die Wirklichkeit einer wirklichen Wohngemeinschaft.

Dazu sperrte die Produktionsfirma Mediabord sieben junge Leute zwischen 18 und 28 Jahren für drei Monate in einem Berliner Loft zusammen und beobachtete sie – außer auf dem Klo und im Bad – mit Kameras rund um die Uhr. Die zwölf Wochen der Fernseh-WG wurden danach zu vierzehn halbstündigen Folgen zusammengeschnitten.

Den rechten Glauben daran, daß der Inhalt der Szenen den Titel der Serie rechtfertigt, hat allerdings selbst der Mediabord-Chef Markus Peichl nicht. Obwohl gerade bei diesem Experiment Leben aus erster und Leben aus zweiter Hand in immer neuen Verschränkungen durcheinanderwirbeln, vertraute er dem *Spiegel* sein Credo an: «Was im Fernsehen stattfindet, ist doch immer eine Fiktion.»

Hier spreizt sich die alte Wirklichkeit noch einmal, als wäre sie etwas schlechthin Besseres als die «Fiktion». Über kurz oder lang wird auch Markus Peichl das anders sehen müssen.

12. Wie das Fernsehen
die Wirklichkeit übertrifft

Die Außenwelt in die Stube zu holen, das Vergangene gegenwärtig zu machen, Augenzeuge beim Entlegensten und Verbotensten zu sein, Reality-TV also – das zeigt das Fernsehen noch lange nicht auf der Höhe seiner Möglichkeiten. Längst hat es die Chance erkannt, das wirkliche Leben nicht nur realistisch nachzustellen, sondern es mit seiner eigenen Wirklichkeit zu übertrumpfen – ähnlich, wie die *Neue Zürcher Zeitung* es schon über das Superkino «Kinemax» berichtete.

Nein, wir meinen nicht Kunstprodukte wie die Muppets, die Ketchup-Vampire oder Max Headroom, die Kultfigur aus dem Computer. Wir sprechen von jener Fernsehwirklichkeit, die eng mit der gewohnten Wirklichkeit verwoben bleibt – und zwar so, daß das Fernsehen beim Wettlauf der beiden Welten schon heute um Nasenlänge siegt: mit Sendungen wie *Traumhochzeit, Bitte melde dich, Verzeih mir* und *Ich bekenne*.

Sie werden gern unter dem Oberbegriff «Gefühlsfernsehen» zusammengefaßt, worin sich ein weiterer Triumph des Bildschirms ausdrückt: Früher zeigte er nur entweder kalte Nachrichten oder solche heißen Gefühle, von denen Schauspieler behaupteten, sie hätten sie: Liebe, Eifersucht, Haß und eitel Wonne, in der *Schwarzwaldklinik* alles auf einmal. Im Gefühlsfernsehen aber sind es Menschen wie du und ich, die vor Millionen Zuschauern ihre Seelen umstülpen, und dies nicht nur ganz echt, sondern oft viel echter, zumindest intensiver und chancenreicher als in jener öden Wirklichkeit, auf die sie und wir bisher angewiesen waren. Der Aufstieg zu dieser höheren Form der Realität läßt sich in drei Stufen schildern.

Erste Stufe: *Traumhochzeit*, RTL, Zahl der Zuschauer: bis zu acht Millionen. Methode: Ein Paar, das sonst einfach aufs Standesamt und vielleicht noch in die Kirche gegangen wäre, qualifiziert sich unter den Tränen der vereinigten Großmütter Mitteleuropas für ein Hochzeitsfest, wir es sich sonst nur der Blut- oder der Geldadel leisten konnte – der aber mit ungleich weniger Hochzeitsgästen. Das Fernsehen überträgt ein Zeremoniell, das es eigens in die Welt gesetzt hat, damit es übertragen werden kann; es stiftet bei den Zuschauern eine Rührung und bei den Siegern ein Triumphgefühl, wie es sie ohne diese Sendung nicht gegeben hätte.

Zweite Stufe: *Bitte melde dich!*, SAT 1, bis über fünf Millionen Zuschauer; *Ich bekenne*, SAT 1, Zuschauerzahl: bis über zwei Millionen. Erscheinen zur *Traumhochzeit* nur Paare, die auch ohne das Fernsehen geheiratet hätten, so melden sich hier überwiegend solche Menschen, die ohne das öffentliche Forum nicht gebeichtet haben würden (wenn auch hinter einer Milchglasscheibe), daß und warum sie, beispielsweise, Kinder-Pornos produzieren – oder die es ohne den Fernsehapparat möglicherweise vorgezogen hätten, sich nicht zu melden, also für ihre Familie verschollen zu bleiben wie bisher.

Das Konzept von *Bitte melde dich* ist ebenso simpel wie durchschlagend: Eine Familie schart sich um die Kamera und bittet ihren spurlos verschwundenen Gatten, Vater, Onkel, Sohn in ergreifenden Worten, doch endlich ein Lebenszeichen zu geben und in den Schoß der Familie zurückzukehren, es sei ja alles verziehen. Dabei kneten die lieben Verwandten verweinte Taschentücher, und unter lautem Schluchzen ertönt ein letztes Mal Mamas Ruf: «Rudi, bitte melde dich!»

Ein Herz aus Stein müßte der in der Brust haben, der solchem Sinnes- und Gefühlsansturm widerstehen könnte. Das Medium erweist sich hier als unübertrefflicher Mittler: erstens, weil es für riesige Verbreitung sorgt; zweitens, weil nur im Fernsehen Bild und Ton, Gestik und Mimik, Tränen und Verzweiflung jenen Sturm der Gefühle hervorrufen können, der den Angeflehten ins Grübeln bringen, reuig machen und nach Hause wehen soll. So hatten die ersten 214 Appelle an das reuige Herz immerhin 68mal Erfolg; nicht gerechnet die vier Fälle, in denen die bittende Familie erfuhr, daß der Verschollene gestorben war.

Die Quote wird ohne Zweifel noch steigen, wenn in einigen Jahren die Ilse per Cyber-Technik die flehenden Hände buchstäblich nach ihrem Rudi ausstrecken kann – und Rudi kann sie, wenn er es nur mag, sogar ergreifen. Bequemer läßt sich die Welt nicht einrichten.

Dritte Stufe: *Verzeih mir!*, RTL, Zuschauerzahl: bis über fünf Millionen. Die *Traumhochzeit* führt nur Menschen zusammen, die ohnehin heiratswillig waren; *Bitte melde dich* bewegt auch solche Menschen zur Umkehr, von denen sich viele ohne das sicht- und hörbare Schluchzen der Lieben daheim vermutlich nicht gemeldet hätten – doch kein Zyniker kann behaupten, der Bildschirm manipuliere die gewohnte Wirklichkeit, wenn er Leid übermittelt und zur Umkehr anstiftet.

Verzeih mir aber geht einen Schritt darüber hinaus. Da melden sich also täglich (täglich!) 300 bis 400 Menschen, denen zweierlei gemeinsam ist: Sie haben einen anderen ungerecht behandelt, beleidigt oder sich sonstwie mit ihm zerstritten, und sie möchten die Versöhnung vor Millionen feiern. Im übrigen aber sind die Kandidaten von dreierlei Art.

Die ersten melden sich *allein* bei RTL und wünschen sich, daß der Sender den anderen, den sie einst gekränkt haben oder der sie seinerseits beleidigt hat, für einen gemeinsamen Auftritt zwecks öffentlicher Versöhnung gewinnt. Hier liegt noch eine Art Verwandtschaft vor mit *Bitte melde dich*: Vielleicht wäre ja ohne die Aktivität des Senders die Versöhnung nicht zustandegekommen. Daß der Beleidigte auf dem Bildschirm die Verzeihung zuweilen verweigert, erhöht die Glaubwürdigkeit der Sendung ebenso wie den Reiz der Sache.

Die zweiten melden sich *paarweise* und haben einander

längst verziehen, möchten aber einem Millionenpublikum die Versöhnungsszene noch einmal vorspielen – wobei sie sich natürlich mediengerecht verhalten, indem sie so tun, als finde das Verzeihen erst im Augenblick der Sendung statt. Hier wird also, in augenzwinkerndem Einverständnis zwischen Sendern und Gesendeten, eine Show für die Wirklichkeit ausgegeben.

Paarweise erscheinen auch die Dritten: Sie sind noch verzankt, jedenfalls ein bißchen, schließen aber nicht aus, daß dieser Zustand beendet werden könnte, wenn sie dafür ins Fernsehen kämen. Das ist der Fall, in dem sich nicht mehr entscheiden läßt, was Show ist und was Wirklichkeit: ob das Medium Versöhnungen stiftet, ob es fernsehgeilen Wichtigtuern ein Forum schafft oder ob alles, was da öffentlich verziehen wird, des Verzeihens überhaupt bedürftig war – schließlich gibt es ja auch den Zank, der sich von selbst erledigt, und überdies mitunter Leute, die nicht böse sind, mit einem etwas lästigen Mitmenschen endlich zerstritten zu sein.

Kurz: Diese Mischung aus Herz und Schmerz, Eitelkeit, Seelen-Striptease und ein bißchen Heuchelei ist wieder einmal ein schönes Thema für unsere Gesellschaftskritiker. «Ich bekenne: Ich schalte ab!» schrieb der eine, «eine unerträgliche Sendung» ein anderer. Der Medienforscher Joe Groebel entdeckte in der Selbstenthüllung auf dem Bildschirm das letzte Tabu, das noch nicht gebrochen war: Sex werde schon langweilig, «jetzt werden eben Intimität und Peinlichkeit öffentlich gemacht. Sind sich die Leute, die dort auftreten, darüber klar, welche Konsequenzen das in ihrem Privat- und Berufsleben haben kann?»

Im Feuilleton der *FAZ* griff Mark Siemons zur großen Keule: Man frage sich, schrieb er, in welcher seelischen Verfassung ein Mensch sein müsse, der sich öffentlichen Spielen dieser Art ausliefere. «Alle inneren Immunsysteme sind offenbar zusammengebrochen, man könnte probehalber von seelischem Aids sprechen.»

Das muß alles nicht falsch sein. Doch in seiner Einseitigkeit ist es typisch für jene Feuilletonisten, die es bei sich nicht aushalten würden, wenn sie mit etwas so überragend Populärem wie dem Fernsehen auf irgendeinem Feld zufrieden wären. Wo das Fernsehen es wie hier versteht, die Wirklichkeit zu übertreffen, treten doch mindestens drei segensreiche Wirkungen ein.

1. Viele der Verschollenen hätten sich nicht gemeldet, etliche der einander öffentlich Verzeihenden sich nicht versöhnt, wenn das Fernsehen nicht nachgeholfen hätte. Welcher Mensch kann sich eigentlich mit welchem Recht berufen fühlen, gegen dieses Mehr an Frieden auf Erden anzustänkern?

2. Auch wo sich dieser Gewinn nicht einstellt, wo der Verschwundene sich nicht meldet, wo die Versöhnung nicht oder nicht nachhaltig zustande kommt, steigert der Fernsehauftritt das Selbstwertgefühl der einen und lindert bei den anderen, den Bedrängten, den Schmerz. Wer die Augen von Millionen auf sich gerichtet weiß, erwirbt Bedeutung; auf Bewunderung oder auf Mitleid kann er hoffen. Und dabei sind die Millionen anonym, anders als der Pfarrer oder Freund, der sich sonst für Beichte und Gespräch anbietet – und schwer wieder abzuschütteln ist.

3. Das waren die positiven Wirkungen auf diejenigen, die für ein paar kostbare Minuten den Bildschirm erobern konnten; nun reden wir von der Freude der Millionen, die ihnen zuschauen. Offensichtlich füllt das Gefühlsfernsehen ein Vakuum in ihrem Seelenhaushalt. Ja, heiraten *kann* schön sein, und es lohnt sich immer noch! ist die Botschaft der *Traumhochzeit*. Der Bund fürs Leben bedarf einer Erhöhung zum symbolischen Ritual, wie es einst die Kirche anbot – und wie nur noch das Fernsehen es massenwirksam zelebrieren kann, auch zelebrieren *muß* in einer Zeit, da, wie wir alle wissen, die wenigsten Bünde noch wirklich «fürs Leben» geschlossen werden. Der Schelte von *Verzeih mir* fügt die *FAZ* immerhin hinzu, das Fernsehen fülle damit «einen sakramentalen Raum».

Selbst wenn also die Minderheit derer, denen der Sprung auf

den Bildschirm gelungen ist, davon keinen Gewinn hätte –
Millionen Zuschauer haben ihn, und darauf kommt es an. Der
Segen für die Millionen ist so groß, daß ein von Nächstenliebe
durchglühter Mensch auf den Gedanken kommen könnte, einen Opfergang auf die Mattscheibe anzutreten, damit das Volk
sich amüsieren kann – ein Gedanke, den die Traumhochzeiter
und die Gottschalks vielleicht längst *leben*, auch wenn es ihnen
schwerfallen dürfte, ihn zu formulieren.

13. Wie das Fernsehen uns alle verändert

Öffentliche Versöhnung unter den Augen von Millionen – das ist nur jene Veränderung der Wirklichkeit, die durch bestimmte Sendeformen zustande kommt und bloß eine kleine Zahl von Menschen aktiviert. Das Fernsehen ist aber dabei, uns alle zu verändern – alle ein bißchen und manche schon radikal. Mehr und mehr passen wir uns den Sitten und den Bedürfnissen des Bildschirms an, auch wenn keine Fernsehkamera in der Nähe ist. Wir verändern uns auf dreierlei Weise:

1. Handlungen, die wir auch früher begangen haben, begehen wir anders, wenn wir eine Fernsehkamera auf uns gerichtet sehen. So werden in allen Parlamenten mit Fernsehübertragung nur noch scheinbar Reden an Abgeordnete gehalten – in Wahrheit sind es Reden zum Fenster hinaus, dem Bildschirm zuliebe. Manfred Buchwald, Intendant des Saarländischen Rundfunks, spitzte diesen Zusammenhang 1992 auf die Formel zu: «Politik im weitesten Sinn vollzieht sich in dramaturgischen Ritualen, die aus dem Fernsehen stammen und für das Fernsehen inszeniert werden.»

2. Auch wenn kein Fernsehteam in der Nähe ist, folgen Millionen Menschen bewußt oder unbewußt ihren Serienhelden in Sprache, Geste, Kleidung und Bewegung; und es wäre kein Wunder, wenn dieses Nacheifern bis in die Gesinnung durchschlüge.

3. Bestimmte Handlungen – und nun wird's dramatisch – werden offenkundig nur begangen, weil der Handelnde ins Fernsehen möchte. Der Bildschirm bildet also etwas ab, was ohne ihn nicht stattgefunden hätte. Auch das sollten wir nicht

von vornherein verurteilen – aber Exzesse gibt es schon, und die werden wir bekämpfen müssen, wenn die schöne neue Wirklichkeit das halten soll, was sie verspricht.

Schaurige Berühmtheit erlangte 1993 der Mord an der 33jährigen Amerikanerin Maritza Muñoz: Ihr Ehemann richtete sie vor laufenden Fernsehkameras mit zwölf Schüssen hin. Den Rahmen des blutigen Exzesses bildete ein Filmbeitrag für die spanischsprachige Fernsehreihe *Occurió así* (So geschah es). Ein Kamerateam wollte auf einem Friedhof namens «Königin des Himmels» in der Nähe von Miami den 34jährigen Emilio Nuñez am Grab seiner Tochter interviewen. Die Fünfzehnjährige hatte sich mit einer Pistole umgebracht; Nuñez behauptete, seine frühere Frau habe die gemeinsame Tochter in den Tod getrieben. Während der Kameramann das Interview filmte und der Vater Blumen am Grab niederlegte, tauchte die beschuldigte Mutter auf. Hatten die Fernsehleute selbst das verhängnisvolle Treffen arrangiert? Sie mußten wissen – und wahrscheinlich wußten sie nur zu gern –, daß Nuñez seit dem Tod seiner Tochter seine Ex-Frau mit Morddrohungen verfolgte.

Minuziös hält die Kamera fest, was dann geschieht: Nuñez zückt eine Neun-Millimeter-Pistole, setzt sie seiner Frau an den Kopf und drückt ab. Mit zerschmettertem Kopf bleibt Maritza Muñoz liegen, doch ihr Ex-Mann schießt immer wieder, so lange, bis das Magazin leer ist. Mit den Worten «Das hätte ich schon früher tun sollen!» verschwindet er. Während des Mordes hält der Kameramann die Linse unbeirrt auf die Szenerie. Erst nachdem Nuñez geflüchtet ist, rufen die Fernsehleute die Polizei.

«Es ist üblich, von derartigen Geschehnissen auf die stetig zunehmende Inszenierung des Lebens nach dem Muster des Fernsehens zu schließen», schrieb die *FAZ* nach der Tat. Offenbar mache erst die Präsentation in einem Rahmen, der sonst für Inszenierungen vorgesehen sei, solche Aktionen interessant. Daß die Fernsehleute den Mörder schießen ließen, ist also nur einer von drei Skandalen; der zweite, daß die Mutter vermutlich vom Fernsehen herangeschafft worden war; der dritte, daß der Mörder seinen Auftritt offensichtlich genoß.

In Deutschland gibt es eine Menschengruppe, die solche Ausnahmen zur Regel machen möchte: Im Leben zu kurz gekommen und auf Haßparolen fixiert, kennt sie nur ein Ziel – ihrem verkorksten Weltbild durch die Macht des Mediums zum Ritterschlag des öffentlichen Interesses zu verhelfen. Springerstiefel, Bomberjacke und Aufnäher wie «Ich bin stolz, ein Deutscher zu sein» gehören zur Grundausstattung dieser Spezies jugendlicher Krawalleros, die zumindest eines kapiert haben: Wenn die Kameras surren, dann ist es Zeit für Hitlergruß und Heil-Gegröle, für Steinwürfe auf Ausländerlokale und Baseball-Schläge auf Asylbewerber.

Uniformiert und uninformiert hat der rechte Mob die Mechanismen des Medienzeitalters durchschaut und wendet sie zur Hebung seines Selbstbewußtseins an. Gewalttäter aus Rostock und anderswo freuten sich nach ihren Überfällen auf Asylbewerberheime über ihre Konterfeis in den Abendnachrichten; ja, als ruchbar wurde, daß in der alten Hansestadt immer mehr Fernsehteams ihre Kameras installierten, setzten sich prompt Rechtsextremisten aus Dresden, Cottbus und München nach Rostock in Marsch. Motto: Ich will auch aufs Bild.

Was von mehr oder weniger wohlmeinenden Redakteuren als Aufklärung oder Abschreckung ins Programm gehoben wird, «verschafft in Wahrheit den disparaten Gruppen überhaupt erst eine Identität, ein neues und gesteigertes Selbstwertgefühl und die Illusion, über eine politische und nicht etwa nur eine kriminelle Botschaft zu verfügen», schrieb Frank Schirrmacher in der *FAZ*. Der Programmdirektor eines deutschen Senders räumte zwei Wochen nach den Ausschreitungen ein, daß die Berichterstattung über Rostock nichts anderes als eine «Anleitung zum Krawallmachen» gewesen sei.

Vom Fernsehen beflügelt zeigten sich 1988 auch die Gladbecker Geiselgangster Rösner und Degowski. Ihre Flucht vor der Polizei machten sie zu einem Live-Krimi für Fernsehzuschauer und Radiohörer. Mit der Pistole in der Hand, umringt von Hunderten von Schaulustigen, ließen sich die beiden Schwerverbrecher willig interviewen, ja sie waren so freundlich, den Reporter einer Kölner Boulevardzeitung in ihrem Fluchtauto ein Stück Wegs mitzunehmen.

Da ist es nicht mehr weit bis zum zynischen Wechselspiel von Subjekt und Objekt, wie es der belgische Kinofilm *Mann beißt Hund* beschrieb: Ein Kamerateam begleitet den Killer bei seiner Arbeit. Reihenweise legt der Mörder Menschen um, beobachtet von der Kamera und den Reportern. Dann setzt die Wandlung ein: Aus den distanzierten Chronisten werden fiebrige Schaulustige, die zunehmend ihre Distanz zum Beobachtungsobjekt verlieren. Zum Schluß läßt sich das Kamerateam vom Killer zu Vergewaltigung und Mord inspirieren.

Dies also die wahrlich abstoßenden Beispiele für verbrecherische Handlungen, die von Kamerateams provoziert, mindestens durch die Anwesenheit von Fernsehkameras begünstigt worden sind. Was man gegen solchen Mißbrauch des sonst so schönen Mediums tun sollte und auch tun kann, wird uns in den Kapiteln 18 und 19 noch beschäftigen.

Nun zu den harmlosen, ja oft begrüßenswerten Veränderungen, die das Fernsehen vornimmt – an uns allen und oft zu unser aller Gunsten: Wir richten uns am Medium aus und auf seine Wünsche ein.

Zu unseren Vorreitern zählen die Sportfunktionäre. Mit weit geöffneten Ohren hören sie zu, wenn die Fernsehmacher ihnen ihre Wünsche auf den Tisch legen. Der Tischtennisball soll größer, das Netz höher werden. Die Masken der Fechter werden, wenn es nach den Sendegewaltigen geht, künftig nicht mehr aus Drahtgeflecht, sondern aus einem durchsichtigen Material bestehen, damit wir die Anspannung im Gesicht der Kämpfenden verfolgen können. Hockeyspieler sollen Leuchtkugeln durchs Gras dreschen, Schützen zu Laser-Waffen greifen, und Eishockey wird demnächst auf farbigem Grund stattfinden, damit der Puck auf dem Bildschirm besser zu sehen ist. Auch für Fuß-, Hand-, Basket- und Volleyball, Gewichtheben, Kegeln und modernen Fünfkampf werden Regeländerungen zugunsten des Fernsehens diskutiert.

Sportwettbewerbe müssen im Medienzeitalter schließlich kurz, kompakt und interessant sein – so wollen wir das. Und genügend Unterbrechungen müssen sie bieten, um die Werbeblöcke unterzubringen – nun ja, das sehen wir ein. Weit schon sind darin die Volleyballspieler der Weltliga: Nach dem fünften und zehnten Punkt gibt es bei diesen Spielen obligatorische Auszeiten für die Reklamespots. Besonderer Service für die Zuschauer: Wenn die Fernsehleute eine Zeitlupe zeigen wollen, leuchtet neben dem Schiedsrichterstuhl eine rote Lampe auf. Dann verzögert der Schiedsrichter die nächste Angabe um sieben Sekunden.

Selbst König Fußball beugt sich vor dem Medium. Mehr Tore, mehr Tempo braucht das Fernsehen – und wer von uns wollte das nicht? So werkelt die FIFA, der Welt-Fußballverband, an Veränderungen des Regelwerks. Damit's auf dem Rasen knackiger zugeht, sollen Eckstöße nicht mehr von der Außenlinie, sondern von der Grenze des Strafraums aus getreten werden; verletzte Spieler werden sich nicht länger zeitraubend auf dem Rasen behandeln lassen dürfen; und rings um das Spielfeld sollen in bunten Reklameständern Bälle parat stehen, um bei Einwürfen Zeit zu sparen – und mehr Sponsoren ins Bild zu rücken. Das haben sie auch verdient.

Schlimm genug – und für seine Fernseh-Geltung in Amerika verhängnisvoll –, daß der Fußball nur alle 45 Minuten eine Werbe-Einblendung zuläßt. Auch dies will Helmut Thoma, der RTL-Chef, ändern: Im Herbst 1994 verkündete er, er werde sich dafür einsetzen, aus den zwei Halbzeiten vier Viertelzeiten zu machen, um so auf drei Werbeblöcke zu kommen statt auf einen.

Schon 1974 hat der Werbegrafiker Alfred Behrens in seinem

Buch «Die Fernsehliga» weitergedacht, viel weiter: In der total kommerzialisierten Bundesliga der Zukunft entscheidet nicht mehr Sieg und Torverhältnis über die Meisterschaft, sondern die Summe der erzielten Einschaltquoten; und die wiederum steigen, weil die Zuschauer wissen, daß nun sie es sind, die über Sieg und Niederlage bestimmen. Entsprechend werden sie von Werbeagenturen bearbeitet, während andere Strategen die einschaltquotenträchtigste Spielweise festlegen. Daß auch die Kicker nach Zuschauer-Zuwendung bezahlt werden, versteht sich da von selbst. Sieger in der 10. Fernsehfußballsaison: «Eintracht Unilever Frankfurt», weit vor «VfB Mercedes Stuttgart».

Im Fußball, wie wir ihn heute noch haben, ärgern sich die Balltreter indessen über die immer gründlichere Überwachung durch die Kamera. Nicht länger können sie ihren Kontrahenten unerkannt ins Gemächte kneifen, um sie vom Ball zu trennen; selbst dezente Revanche-Fouls außerhalb des Ballgeschehens werden mittlerweile vom elektronischen Argus-Auge dokumentiert. Franz Beckenbauer klagt, ihn nerve die «totale Überwachung» auf dem Rasen; diese Sucht nach Sensation sei nicht nur unappetitlich, sie nehme den Spielern ihre Würde.

So kann sich auch einer der populärsten Deutschen zum Außenseiter machen – als ob die oft widerlichen, früher unentdeckten Fouls ein Beitrag zur Mehrung der Menschenwürde gewesen wären! Mehr Anstand also, Hand in Hand mit mehr Tempo und Dramatik – wer macht das dem Fernsehen nach?

Auch bei den sogenannten «Fenster-Reden» in den Parlamenten ist das zu bedenken. Unsere geschätzten Gesellschaftskritiker führen natürlich wieder einmal Klage – hier die, daß wir nie die Reden hören könnten, die die Abgeordneten gehalten haben würden, hätten sie nicht auf einen Redeausschnitt in der Tagesschau spekuliert. Die *FAZ* trieb diese merkwürdige Mäkelei bis zu der Behauptung: «Daß Plenarsitzungen anders sein können, die Gegensätze im Parlament streitbar und anständig ausgetragen werden können, wurde in der vergangenen Woche auch ein paarmal sichtbar. Gelegentlich, wenn die Kameras ausgeschaltet waren, der Rundfunk nur noch über den Mittelwellensender Bonn übertrug und die Pressetribüne leer von schreibenden Beobachtern war, wurde so miteinander gesprochen, wie es wohl in Ausschußsitzungen zugehen mag . . . So scheinen zwei Parlamente unter dem Dach des einen Bundestags zu sein: einmal fleißig und kollegial in den Ausschüssen und im Plenum ohne Direktübertragung, das andere Mal zynisch und ausfällig, wie die Parteiräson es befiehlt.»

Das muß man auf der Zunge zergehen lassen. «Wie es *wohl* in Ausschußsitzungen zugehen *mag*» – daß wir nicht lachen! Der Kritiker teilt also mit, daß er durchaus nicht weiß, sondern nur vermutet, was in den Ausschüssen vor sich geht – und dort, ohne alle Kontrolle durch das Volk, das sie schließlich gewählt hat, sollen sie ganz großartig agieren, die Politiker – dieselben, die wir in der *Tagesschau* oft eine so klägliche Figur machen sehen? Umgekehrt wird ein Schuh daraus: Das Fernsehen vertreibt unsere Volksvertreter mit Erfolg aus jenem Zwischenreich der Mauschelei, in dem sie sich vermutlich am wohlsten fühlen.

Bleibt noch zu bereden, wie wir alle mehr und mehr dazu neigen, unser Auftreten und unseren Habitus auch dann am Fernsehen auszurichten, wenn keine Kamera in der Nähe ist – wie wir also freiwillig, aber unbewußt mit dem Medium verschmelzen. Die *FAZ* beschäftigte sich 1994 mit jener Spezies von Mitbürgern, die sich die öffentlich vorgeführte Kommunikation aus Talkshows und Diskussionsrunden zum Vorbild für das eigene Gebaren wählen; sie zitierte dabei die Pop-Zeitschrift *Spex*, die solche Medien-Marionetten treffend als *Gute Zeiten, schlechte Zeiten*-Klone charakterisiert. Solche Leute haben sich angewöhnt, so zu sprechen und zu agieren, als probten sie unablässig für einen Auftritt vor der Kamera.

Der *Stern* hatte etwas Ähnliches schon 1983 bei einem Rückblick auf den Vietnam-Krieg registriert: «Im Zeitalter der Massenmedien zeigen Kriegsbilder oft keine Menschen im Krieg, wie sie in Wirklichkeit sind, sondern Menschen im Krieg, die wissen, daß sie fotografiert werden. Vor der Kamera spielen die Soldaten die Rolle von Soldaten und die Kriegsopfer die Rolle von Kriegsopfern. Die Gegenwart der Kamera hat ihr Gehabe verändert: Es ist Krieg! Ihr Auftritt! Der Amerikaner, der nach Vietnam kam, hatte Hunderte von Kriegsfilmen und Western im Kopf, die Bewegungen von John Wayne und Ernest Borgnine kannte er auswendig, mit ihnen war er aufgewachsen, sie gehörten zu seiner visuellen Erziehung, und in Vietnam wandte er seine Erziehung eben an.»

Natürlich war das wieder einmal kritisch gemeint. Aber ist es so schlecht, wenn einer wie John Wayne zum Vorbild wird? Kein Mensch kommt ganz ohne Vorbilder aus, und es gibt wahrlich schlimmere (manchmal in der eigenen Familie). Das Fernsehen wiederum ist selbstkritisch genug, die beiden Wirklichkeiten zuweilen ironisch zu vermischen: In dem ARD-Fernsehquiz *falsch – Fälscher – richtig* soll das Rate-Team Manipulationen an Original-Szenen aus Film- und Fernsehklassikern aufspüren – etwa wenn die Moderatorin der Sendung, elektronisch einmontiert, mit dem Skalpell in der Hand im OP direkt neben Prof. Brinkmann auftaucht.

Wenn wir davon reden, ob und wie das Fernsehen uns verändert, muß freilich auch erörtert werden, ob es die Macht hat, unsere politische Meinung zu kanalisieren – nicht nur unsere Gesten und die Fußballregeln.

Einerseits sieht es so aus. Hätte es 1994 einen italienischen Ministerpräsidenten Berlusconi geben können, wenn der nicht zufälligerweise zugleich der größte Medienunternehmer seines Landes gewesen wäre? Gleichgeschaltet hatten Berlusconis Sender im Wahlkampf für ihren Herrn getrommelt. In kleiner Münze nutzen regierungstreue Privatsender auch hierzulande diesen Mechanismus. Sie bitten etwa «Zur Sache, Kanzler!».

Die damit beschäftigten Journalisten verwechseln ihr Handwerk mit Hofberichterstattung und liefern lediglich Stichworte, zu denen der Befragte dankbar seine ohnehin bekannten Standpunkte abspulen darf – eine prächtige Gelegenheit zu ungestörter Selbstdarstellung.

Wie Medienmacht die Politik beeinflussen kann, zeigt noch dramatischer als Berlusconis Triumph der Aufstieg und der Fall des brasilianischen Präsidenten Fernando Collor de Mello. Er kam 1989 als Hätschelkind des greisen Medien-Unternehmers Roberto Marinho an die Macht, der mit seinen zahlreichen Radiostationen und dem Fernsehsender TV Globo das politische Bewußtsein der Brasilianer fest im Griff hält. Acht Monate vor den Wahlen kannte nicht einmal ein Prozent der Wähler den Namen ihres späteren Präsidenten. Doch dann trommelte der Medienzar auf allen Kanälen für seinen Schützling. «Marinho machte seinen maximalen Einfluß geltend und Collor zum Sieger», schrieb der *Spiegel*. «TV Globo und Collor schienen ein unschlagbares Team.»

Doch die Liaison blieb ohne Happy-End: Allzu deutlich blühte rings um den neuen Staatspräsidenten die Korruption. Zwar stellte Marinho anfangs noch seine Sender zur Verfügung, damit Collor sich verteidigen konnte; doch dann bemerkte Marinho, daß ihn sein politischer Ziehsohn nach Strich und Faden betrog – etwa, indem er seinen plötzlichen Reichtum vor Marinho verbarg. Schlagartig wandte sich der Medienmogul von seinem Günstling ab – die Fernsehstationen berichteten nur noch negativ, Collor trat zurück.

Einerseits also kann das Fernsehen eine bedenkliche Bevormundung ausüben. Doch andererseits: Alle Diktatoren wissen, warum sie nichts so sehr zu fürchten haben wie den freien Fluß der Informationen, und der findet heute überwiegend auf dem Bildschirm statt. Westsender einzuschalten war viele Jahre in der DDR verboten, dann verpönt und schließlich, als es erlaubt war, ein Beitrag zu ihrem Untergang. China, Malaysia und Singapur untersagen ihren Bürgern immer noch den Zugang zur internationalen Fernsehwirklichkeit, in China sind Parabol-Antennen verboten.

Wie aber, wenn sich ein Diktator ein Fernsehmonopol verschafft? Dann wird er vollends entlarvt, behauptet der kanadische Medienphilosoph Marshall McLuhan. Hitler habe seinen Aufstieg dem Umstand zu verdanken, daß es noch kein Fernsehen gab: Dieses Medium mache einen Politiker um so sicherer zum Clown, je fanatischer er sich gebärde; wer als Witzfigur ernst genommen werden wolle, müsse das Radio wählen.

So schön kann Fernsehen sein.

14. Wie das Fernsehen die
alte Wirklichkeit degradiert

Die herkömmliche Wirklichkeit, die mit den Handta-
schenräubern, den Finanzbeamten und der schmutzigen Wä-
sche beim Zugewinn-Ausgleich – sie läßt sich also besser
inszenieren durch Reality-TV, übersteigern durch «Traumhochzeit» und «Bitte melde dich», disziplinieren durch Fußballregeln, die den Bedürfnissen des Dauerschauers entgegen-
kommen. Doch über dies alles hinaus: Mehr und mehr wird
die alte, die widerborstige Realität zu einer lästigen Erfahrung,
die wir durchkreuzen, abschütteln, ja vergessen können. Die
neue, die Fernsehwirklichkeit ist nicht nur ungleich schöner –
sie rückt uns langsam sogar näher als diese komplizierte Außenwelt, in der wir unten zuviel Ozon und oben zuwenig
haben.

Es begann in den sechziger Jahren mit den Cartwrights von
der Ponderosa-Farm, der Viererbande zu Pferde: Von Millionen deutscher Kinder wurde sie in die Familie aufgenommen
und zu Stief-, Halb- oder Zwillingsbrüdern ernannt. Fragt der
Religionslehrer das Fritzchen: Wie hieß der erste Mensch?
«Little Joe.» Aber Fritzchen! «Dann eben Hoss.» Tadelnd sagt
der Pädagoge: Adam hieß er! Da ruft Fritzchen triumphierend:
«Ich wußte doch, daß es einer von den Cartwrights war!»

So ging eines der Geschichtchen, die man sich nach ein paar
Jahren Ponderosa-Farm erzählte. Sie muß nicht wahr sein,
doch sie *könnte* stimmen – wie der Cartoon aus dem *New
Yorker* von 1972: Familienausflug, Autopanne. Den maulen-
den Kindern schreit der Vater zu: «Nein, ich *kann* kein anderes
Programm einschalten! Dies ist die Wirklichkeit!»

Wie altmodisch dieser Vater war. Schließlich wird eine solche Unterscheidung nicht nur immer schwieriger, sondern auch immer leichter entbehrlich.

Zu den ersten, die diese Erkenntnis hatten, gehörte die *Bild-Zeitung*. Wen er für den Mörder halte? fragte sie Erik Ode, den populären «Kommissar» aus der zählebigen Schwarzweiß-Serie gleichen Namens. Aus Odes Antwort machte das Blatt eine Schlagzeile. Die Feinheit dabei war, daß Ode, der Fernsehdarsteller des Kommissars, sich zu einem Mord äußern sollte, der eben nicht im Fernsehen, sondern auf Sylt geschehen war, wo Ode gerade Urlaub machte.

Zur selben Zeit fand in Amerika ein Kongreß für Krankenschwestern statt, bei dem das Hauptreferat nicht von einer Krankenschwester, sondern von der Hauptdarstellerin einer populären Krankenschwestern-Serie gehalten wurde. 1994 bekam der Schauspieler Uwe Friedrichsen für seinen Einsatz gegen Zigarettenschmuggler und Autoschieber das Bundesverdienstkreuz am Bande überreicht. War Friedrichsen etwa in den Staatsdienst getreten? Mitnichten. Der Bundesfinanzminister ehrte den Einsatz des Schauspielers als Zollamtsrat Zaluskowski in der TV-Serie *Schwarz-Rot-Gold*, in der Friedrichsen dem Zuschauer «in einmaliger Weise» Einblicke in die Praxis der Zollfahndung ermögliche.

Wenn die Großkopfeten so unerschrocken vorangehen – darf man sich dann wundern, daß herzensgute Zuschauer Windelpakete an die ARD-Filmredaktion schickten, als Sue Ellen in dem Dauerbrenner *Dallas* ihr erstes Kind bekam? Und kaum war in der Vorabend-Seifenoper *Lindenstraße* eine Wohnung frei geworden, bewarben sich beim WDR Hunderte von Wohnungssuchenden.

Wie wirklich, wie wahrhaft echt die Fernsehbilder sind, läßt sich ja leicht nachprüfen: Zur Southfork Ranch, der Kulisse für all das Böse, das bei den Ewings geschah, pilgerten Hunderttausende. Bei der Auffahrt von Imst in Tirol zum Mieminger Plateau sieht man quer über die Straße das Transparent gespannt: «Willkommen in der Heimat des Bergdoktors». Die Schwarzwaldklinik trieb Lahme und Gläubige in Scharen ins schöne Glottertal: Sie wollten die Klinik sehen (die in Wahrheit ein Rehabilitationszentrum für chronisch kranke Kinder ist), und idealerweise sollte kein Geringerer als Prof. Brinkmann sie behandeln – mindestens ihnen ein Pflaster für die Verletzung überreichen, die sie sich beim Überklettern des Zaunes zugezogen hatten. Die amerikanische Schauspielerin Eileen Fulton, die in einer Serie sechzehn Jahre eine Furie mimte, wurde beim Einkaufsbummel in New York von Zuschauern erkannt und verprügelt.

Da ist es nicht mehr weit bis zu jener Vision, die Michael Schwarze schon 1978 in der *FAZ* entwickelte: «So abwegig ist die Vorstellung nicht, daß es irgendwann einmal einen Putsch geben wird, dessen Erfolg mit fingierten Bildern zuerst im Fernsehen behauptet, dann geglaubt worden und schließlich Wirklichkeit geworden ist.»

Soweit wir aber noch Ereignisse aus der alten Wirklichkeit auf dem Fernsehschirm verfolgen wollen, wünschen wir uns die Macht, steuernd in sie einzugreifen, und oft besitzen wir sie schon. Der Golfkrieg von 1991 kam in seinen interessantesten Momenten als Fernseh-Clip ins Haus – noch in der unzulänglichen Weise, daß dem Zuschauer der Joystick fehlte, mit dem er die Raketen hätte beeinflussen können; das wird sich ändern.

Einen privaten Sieg über die zähe alte Wirklichkeit hat der Stubenhocker dagegen längst mit dem Video-Recorder errungen. Wer beispielsweise einen olympischen 10 000-Meter-Lauf miterleben will, ohne sich das öde 25malige Umkreisen des Stadions zuzumuten, der zeichnet das Rennen auf und spielt es ab, etwa während der Weitsprung stattfindet. Nach der ersten Runde läßt das Interesse an den Läufern nach – was tun die Springer? Anlauf, Sprung! Doch bis zum nächsten vergeht eine qualvoll lange Zeit. Also zu den Läufern zurück. Auf den vorderen Plätzen verändert sich nichts – Schnellauf, bis ein anderer an die Spitze stürmt! Weitsprung – ach, sie messen und messen! Sechste Runde – kein Positionswechsel – schneller! Knopf, Anlauf, Sprung! Es beginnt zu regnen – die Läufer haben es trocken, die Springer müssen unterbrechen. Stößt doch der Chinese an die Spitze vor! Schnellauf, da bleibt er sieben Runden. Tatsächlich, kein Weitsprung mehr! Dumme Übertragung – auf Video hätte man die Regenpause rasch überbrückt. Na, und natürlich siegt der Mann aus Nigeria mit seinem tollen Spurt – den gleich noch mal!

So schön kann Fernsehen sein. Im schlimmsten Fall aber – wenn nämlich die neue Wirklichkeit mich ähnlich langweilt wie die alte: Dann scheuche ich sie weg und suche mir eine andere aus. *Zappen* nennen wir das. Zu faul zum Übersetzen, wie wir sind, entgeht uns dabei die schöne Bedeutung, die das Wort in amerikanischen Ohren hat: Es entstammt der Gaunersprache und heißt abknallen, wegpusten, durch die Gegend ballern.

Damit wird der Stubenhocker vollends zum König in seinem eigenen Reich. Die Wirklichkeit findet im Wohnzimmer statt, und wenn selbst sie mich nervt, obwohl sie dem, worin unsere Eltern leben mußten, so unendlich überlegen ist: Dann puste ich sie weg und ballere mir eine andere herbei. War nicht auch Beethoven schon ein Zapper, fragte 1994 die *FAZ* – indem er in Wien vierzigmal umgezogen sein soll? Alle moderne Mäkelei an unserem typischen Fernsehverhalten wird mit diesem Hinweis ad absurdum geführt. Nicht im ungeduldigen Tapetenwechsel unterscheiden wir uns von Beethoven, sondern nur darin, daß wir keine Möbel zu schleppen und keine Zimmerwirtinnen zu besänftigen brauchen; wir spielen ja lediglich auf dem Klavier unserer Fernbedienung.

Wege in
die neue
Wirklichkeit

15. Lassen wir die
Kritiker nur mäkeln!

Je besser es uns geht, desto mehr fühlt sich eine winzige, aber einflußreiche Minderheit zu großen Taten aufgerufen: die hier schon mehrfach zitierten Gesellschaftskritiker. Alles Lug und Trug! zetern sie, wenn wir uns behaglich fühlen – auf Sand gebaut, dem Abgrund täglich näher, und wo bleibt überhaupt das schlechte Gewissen? Hättet ihr auf uns gehört, dieser alles verschlingende Sumpf des Wohlstands wäre euch erspart geblieben! Heinrich Böll ging mit den schönen Adenauer-Jahren gehässig ins Gericht, Günter Grass mit der Wiedervereinigung, und nie können wir es ihnen recht machen: Wird Deutschland Fußballweltmeister, so warnen die Gesellschaftskritiker gramzerfurcht vor nationaler Überhebung; geht Deutschland im Achtelfinale unter, so haben sie es gleich gewußt, daß diese satten Individualisten durch nichts mehr zu begeistern sind.

Nun also haben sie das Fernsehen ins Visier genommen. Es produziere stammelnde Analphabeten, unfähig zu kritischem Denken; die Kultur und schließlich die Demokratie lasse es vor die Hunde gehen. Der Schriftsteller Günter Kunert meint, das Fernsehen raffe und verdichte die Wirklichkeit und lasse deshalb das eigene, authentische Erleben als langweilig erscheinen: «Fernsehen erweist sich als eine *Emotio interruptus* und verlangt wegen der daraus resultierenden Schwäche der Befriedigung nach ständiger Wiederholung, nach dieser niemals sättigenden Speise, nach dem keinen Durst stillenden Trank.»

Opium des Volks, wir kennen den Refrain. Schon bei den 22. Mainzer Tagen der Fernsehkritik (1989) hieß es, TV verführe den Menschen zum Phlegma, denn es zeige täglich, «wie es fast überall auf der Welt elender, gewalttätiger und sehr viel schmutziger und ungesünder zugeht, wie wir so herrlich auf die Sonnenseite des Lebens geraten sind – und da soll das Publikum sich für Veränderungen, für Aufklärung begeistern?»

Zugegeben, es ist irritierend, daß es *Sat*elliten-*An*tennen gibt, die, allen Ernstes! den Herstellernamen «SatAn» tragen. Doch muß man deswegen Teufelswerk wittern, wie der französische Philosoph Paul Virilio es tut? Die moderne Telekommunikation entwurzle und entmündige den Menschen, behauptet er. In seinen Büchern «Rasender Stillstand» und «Revolution der Geschwindigkeit» analysiert Virilio das wachsende Tempo als Merkmal der modernen Gesellschaft. Die elektronische Revolution der neunziger Jahre bringt den Menschen immer näher an die absolute Geschwindigkeit des Lichts: Daten rasen mit 300 000 Kilometern pro Sekunde durch Kabel oder über elektromagnetische Wellen, überall verfügbar, jetzt und sofort.

Die Folge der revolutionären Beschleunigung faßt Virilio in eine These, die eigentlich den Stubenhocker legitimiert: Die rasende Geschwindigkeit werde alle Entfernungen vernichten und somit jede körperliche Fortbewegung unnötig machen. Mit Massen jederzeit verfügbarer Informationen ausgerüstet, mit der Technik von Cyberspace und Multimedia-Treffs werde es dem Menschen der nahen Zukunft möglich sein, daheim zu bleiben und zugleich woanders zu sein, also «rasend stillzustehen».

Klingt das nicht wundervoll? Nicht für Virilio. Wenn alles per Video abgewickelt werde, gerate der Mensch unweigerlich in eine «mediale Gettoisierung». Beschleunigt werde solches «Einspinnen» durch die Möglichkeit, per Datenanzug Doppelgänger in die Kunstwelt zu setzen. Der «Teleakteur» der Zukunft werde sich «nicht mehr in irgendein physisches Fortbewegungsmittel werfen, sondern einzig und allein in einen anderen Körper, einen optischen Körper, um weiterzugehen, ohne sich zu bewegen, um dort zu sein, ohne wirklich da zu sein, sich selbst fremd, Überläufer aus seinem eigenen Körper.» Die moderne Medientechnik mache demnach den Menschen zum «Reisenden ohne Reise, verbannt aus der äußeren Welt, die verschwindet, und vertrieben aus der inneren Welt».

Ja – und? Virilios größte Schwäche ist, daß ihn kaum jemand kennt: Er tritt nicht im Fernsehen auf. Das hat der amerikanische Medienwissenschaftler und Kulturkritiker Neil Postman viel professioneller betrieben, nicht zuletzt mit Hilfe griffiger Slogans wie «Wir amüsieren uns zu Tode». Nicht, daß das Fernsehen unterhaltsam ist, kreidet Postman ihm an, sondern, «daß es die Unterhaltung *(entertainment)* zum natürlichen Rahmen jeglicher Darstellung von Erfahrungen gemacht hat. Problematisch am Fernsehen ist nicht, daß es uns unterhaltsame Themen präsentiert, problematisch ist, daß es jedes Thema als Unterhaltung präsentiert.»

Auch die Masse der Informationen, die die moderne Medientechnik in jedes Wohnzimmer schaufelt, betrachtet Postman mit Skepsis. Die ungeordnete Info-Flut lasse den Bürger hilflos und letztlich resigniert zurück. Mit sicherem Gespür für Reizwörter beschreibt Postman dieses Phänomen als *kulturelles Aids*, das ausbreche, weil auf Grund der Masse von Nachrichten «das menschliche Informations-Immunsystem nicht mehr funktioniert».

Andere kluge Köpfe und kritische Geister machen die Verdammung des Fernsehens wegen angeblicher Verdummung durch das Fernsehen nicht mit. Marshall McLuhan, der 1980 gestorbene Medienphilosoph, hatte als erster prophezeit: Das Fernsehen werde die ganze Welt ins Wohnzimmer holen und sinnlich machen; das Weltdorf, geschaffen durch die Technik des Informationszeitalters, werde den Menschen aus der Isolation befreien, in die einst das Buch ihn verbannt habe. Zudem sei das Fernsehen dazu angetan, den Menschen zu Teilnahme und Anteilnahme zu befeuern. McLuhan konnte nicht ahnen, welch rasante Fortschritte die Technik in der Zeit nach seinem Tode machen würde; interaktives TV und internationale Datennetze, Multimedia und Cyberspace ermöglichen jetzt die Umsetzung seiner kühnen Vision von der «Welt als Dorf».

Auch Bruno Bettelheim, berühmt geworden durch Werke wie *Kinder brauchen Märchen* und *Kinder brauchen Bücher*, reihte sich in die Phalanx der Verteidiger des Bildmediums ein, indem er den Spielfilm lobte, des Fernsehteilnehmers klassisches Vergnügen. In einer amerikanischen Fernsehzeitschrift beschwor der 85jährige Erinnerungen an glückliche Kindertage im Kino: Die Macht des Mediums habe ihm über manchen Kummer mit Spielkameraden oder Vater und Mutter hinweggeholfen. «Wir durchlebten aufregende Phantasien, die unsere eintönige Existenz um so vieles erträglicher machten», schrieb der Psychotherapeut.

Peter Sloterdijk, Denker der «zynischen Vernunft», kann sich vorstellen, daß Leute, die viel ins Kino gehen, in einen Zustand kommen können, «wo man das Gefühl hat, von einer geborgenen Innensphäre aus eine fast beliebige Außenwelt anschauen zu können». Sloterdijk umschreibt diesen Zustand als einen «semifötalen, intra-uterinen», also als schönste Geborgenheit. Dem Kino gelinge es, Mythen zu bilden. So sei der moderne amerikanische Action-Film «eine Gattung experimenteller Vor- und Frühgeschichtsschreibung, die mit den Mitteln avancierter Filmtechnik die archäologischen Geheimnisse der Menschheit bearbeitet». Der Actionfilm, da hat Sloterdijk recht, behandelt die «Geschichte des Davonkommens aus Verfolgungen» als ein entscheidendes Element der Menschheitsentwicklung. Ihr Mythos lädt zum Träumen ein.

Nun hört man häufig, das Kino vermittle noch einen Rest von Gemeinschaftserlebnis, anders als derselbe Film im heimischen Guckkasten. Doch ist das wieder nur die halbe Wahrheit. Wenn wir zu zweit oder zu mehreren vor dem Bildschirm sitzen, so entsteht umgekehrt eine Form der Geselligkeit, die das Kino uns gerade verbietet: das unbefangene, fröhliche, alberne und bisweilen hämische Kommentieren des Programms. Im Theater, in der Kirche, während der Grabrede ist der Mensch gezwungen, das Dargebotene stumm über sich ergehen zu lassen – statt mit einem kongenialen Partner diejenigen Bosheiten auszutauschen, die an dieser Stelle jetzt eigentlich gesagt werden müßten.

Zugleich stiftet gemeinsamer TV-Konsum Identität – sei es zwischen den Zuschauern vor einem, vor tausend oder gar Millionen Bildschirmen. Eine «künstliche Bruderschaft», konstatiert das Nachrichtenmagazin *Time*, versamme sich täglich vor den Fernsehern der USA, verbunden durch eine «merkwürdige Gleichzeitigkeit»: So könne eine Botschaft das weite Land von New York bis San Francisco überspannen, ja beruhigenden Einfluß ausüben. Mehr noch: «Indem es Geschichten erzählt, kann das Medium wachsam machen gegen Fanatismus und Rache-Phantasien.»

Elektronische Erziehung hält auch Arthur C. Clarke, einer der erfolgreichsten Science-Fiction-Schriftsteller unseres Jahrhunderts, für wahrscheinlich. Clarke, Autor von mehr als 600 Romanen, Essays und Kurzgeschichten, hat viele bahnbrechende Zukunftsentwicklungen vorausgedacht – etwa die Anti-Baby-Pille oder die Kommunikations-Satelliten. Schon vor Jahren erhoffte er sich von einem weltumspannenden Satellitennetz den Durchbruch bei der Erziehung vor allem der unterprivilegierten Erdbewohner; denn: «Jedes TV-Programm ist bis zu einem gewissen Grade ein Erziehungsmittel.» Als gelungenes Beispiel nennt er die *Sesamstraße*: die Kinderserie, die Millionen Kindern das Lesen, Schreiben und Rechnen schmackhaft gemacht habe und via Mattscheibe auch die Getto-Kids erreichte.

Damit elektronische Medien in Zukunft solche Aufgaben perfekt übernehmen können, braucht das Fernsehen vor allem eines: Qualität. In Kapitel 19 werden wir Vorschläge dazu machen, wer diese Qualität wie kontrollieren sollte, damit der

Stubenhocker nicht zum Opfer von Desinformation und Indoktrination wird.

Zugegeben: Es sieht nach einem langen Weg aus. Noch kann man Franz Xaver Kroetz nicht widersprechen, wenn er über manche Fernseh-Serien sagt: «Ich schau Serie. Meine Augen sind inzwischen viereckig, entzündet und zeichnen nur noch schwach durch. Ich bin weichgeklopft. Und die Menschen, die ich mir serienmäßig reinziehe, ach, die haben so viel mit uns zu tun wie eine Kuh mit dem Klavierspielen.»

Doch die Forderung nach Qualität muß erfüllt werden, soll das Fernsehen die zentrale Aufgabe übernehmen, die ihm zukommt. «Statt die Zuschauer sich kaputtlachen oder zu Tode amüsieren zu lassen, sollten die TV-Sender eher über einen neuen Qualitätsbegriff nachdenken», fordert Prof. Horst Opaschowski, Leiter des BAT-Freizeit-Forschungsinstituts. Qualität, wie er sie versteht, sieht so aus: «Sie muß persönlich bedeutsam sein, also als persönliche Bereicherung des Lebens (und nicht als Zeitverlust) empfunden werden. Statt Spaßzwang ist Lebensqualität angesagt: Förderung des persönlichen Wohlbefindens und die Stärkung familiärer und sozialer Bindungen.»

Sollte jedoch wider Erwarten die Medienbotschaft nicht Schritt halten mit der Explosion der technischen Möglichkeiten, wird der Markt das regeln – nach dem Gesetz von Angebot und Nachfrage. So klinken sich angesichts des dürftigen Programmangebots immer mehr Zuschauer vom Fernseher als Alleinunterhalter aus. Sie reden, essen, telefonieren, bügeln oder putzen Schuhe, während die Mattscheibe flimmert. «TV zwischen Cash, Crash und Chaos darf keine Zukunft haben», sagt Opaschowski – und es wird keine haben.

16. Bleibe zu Hause und nähre dich redlich!

Klar, für Unterhaltung ist in der neuen Medienwelt bestens gesorgt. Vom Teleshopping bis zur interaktiven Talkshow, von der Fernseh-Weltreise bis zum Cyber-Sex verwöhnt die Medientechnik der Zukunft den Stubenhocker immer wieder mit neuen, zugleich gefahrlos erworbenen Impressionen aus aller Herren Länder, mit dem Vorteil, daß sie mit ökologisch reinem Gewissen genossen werden dürfen. Die Masse der Zuhausebleiber braucht überdies ihr Brot nicht mehr zu verdienen: Sie wird ja von der Solidargemeinschaft aller Bürger unterhalten wie heute schon die Kranken, die Alten und die Kinder, die Bauern, die Bergleute und die noch so genannten Arbeitslosen.

Doch auch wenn die Produktion in der Warenwelt der Zukunft immer weniger Arbeitskräfte benötigt – an einem Faktum kommt auch sie nicht vorbei: Wenigstens ein paar Leute werden malochen müssen, damit die anderen sich vor dem Fernseher räkeln können.

Stößt damit das Stubenhocker-Ideal an seine Grenze? Im Gegenteil: Denn fast unbemerkt von der Öffentlichkeit vollzieht sich schon seit Ende der achtziger Jahre jene elektronische Revolution, die die Arbeitswelt in wenigen Jahren radikal umkrempeln wird. Ihr Hauptakteur ist nicht länger der Businessman, der im Zweireiher mit dem Aktenkoffer die Vielflieger-Lounges bevölkert. Nein, der Arbeiter der Zukunft hockt, wenn er will im Pyjama, vor einem Computerbildschirm, umgeben von Modem und Kamera, Faxgerät, Glasfaseranschluß – und produziert intelligente Ware, die er mit

Hilfe seiner elektronischen Komplett-Ausstattung an seine Firma oder seine Kunden weiterreicht. Und diese Ausstattung wird bei ihm zu Hause stehen.

«Telecommuting» lautet das Stichwort für den Arbeitsplatz der Zukunft. Der Werktätige zwängt sich nicht länger in überfüllte S-Bahn-Wagen oder im Auto durch den Stau und zurück; er wird statt dessen zum *Tele-Pendler*: einem Mitarbeiter, der sich elektronisch aus seiner Wohnung in seinen Büroalltag einklinkt.

Fast acht Millionen Amerikaner pendeln, wie die New Yorker Firma «Link Resources» ermittelte, schon Anfang der neunziger Jahre zumindest zeitweilig per Bits und Bytes zum Broterwerb; im Jahr 2000 werden in den USA 40 Prozent aller Erwerbstätigen per Home-Computer und Modem mit ihrer Firma kommunizieren. Die kopernikanische Wende der Arbeitswelt kündigt sich auch in Deutschland an – wiewohl noch als zartes Pflänzchen: 350 Mitarbeiter der deutschen IBM-Niederlassung sind bisher dem Schlachtruf «Nie wieder Büro» gefolgt und haben sich, von der Firma mit Computern ausgerüstet, zur Arbeit in die eigenen vier Wände zurückgezogen.

Bis zu 20 000 Mark macht der Büromaschinen-Konzern pro ausgelagertem Arbeitsplatz locker. Die Investition scheint sich zu rentieren: Eine begleitende Studie nämlich hat ergeben, daß die Heimarbeiter «produktiver, flexibler und motivierter» zu Werke gehen als ihre Kollegen im Büro. Das bestätigen nicht nur die Arbeitnehmer selbst, sondern auch ihre Vorgesetzten, wie das Institut «ExperTeam» im Auftrag des nordrhein-westfälischen Wirtschaftsministeriums 1994 feststellte. Einer der Gründe für den Schaffens-Schub: Gerade beruflich besonders engagierte Menschen sind nicht länger bereit, sich von Arbeitszeitstandards einengen zu lassen, ob sie nun rigide sind oder ein bißchen gleiten.

In der Tat empfinden die meisten Telependler, die ihren Arbeitgebern ihre Leistung nur noch per Telefonleitung, Funksignal oder Glasfaserkabel abliefern, den Arbeitsplatz zu Hause als Privileg. Befreit von Garderobeproblemen wie von sturer Pausenregelung, unabhängig vom kritischen, hämischen oder intriganten Blick scheinbar wohlmeinender Kollegen kann der Stubenhocker als Tele-Heimarbeiter seinen persönlichen Neigungen auch bei der Arbeit nachgehen, selbst in Bermudas oder um Mitternacht, wenn es ihm gefällt.

Er wird ja nicht nur die räumlichen Zwänge der Büro-Umgebung los, sondern auch die zeitlichen. Nutznießer – wer hätte das von der Computertechnik gedacht! – sind vor allem Familien: Scheint draußen die Mai-Sonne, nimmt Papa einfach mal die Finger von den Tasten und tollt mit den Kindern im Garten – vielleicht sogar auf der Straße: Die nämlich ist dank des zusammengeschrumpften Verkehrs zur Spielstraße ernannt worden; als Verkehrsraum braucht sie keiner mehr, weil keiner mehr zur Arbeit fährt.

Vor allem Frauen mit Kindern schätzen den Vorteil der freien Zeiteinteilung. Doch auch für den Chef hat die Heimarbeit seiner Angestellten gewichtige Vorteile. Ein Mitarbeiter, der sich den nervtötenden Anreisestreß zum Büro spart, hat seine Kraft für den Job parat. Zudem sind Heimarbeiter meist flexibler: Wenn's hoch hergeht, hängen sie eher ohne Murren eine Nachtschicht an. Die fällt dann um so leichter, als die Erfrischung aus dem eigenen Kühlschrank und das Nickerchen auf der Wohnzimmercouch den Streß erträglich machen.

Natürlich spart die Firma auch Geld. Allein die Miete für die Büroräume summiert sich im Berufsleben eines Angestellten zu sechsstelligen Beträgen. Wie sich wertvoller Gewerberaum durch Telearbeit gewinnen läßt, demonstriert der amerikanische Kommunikationskonzern AT&T: 4100 Quadratmeter Bürofläche in New Yorks bester Lage schaufelte er durch Auslagerung an Telecommuter frei.

Noch wichtiger aber scheint der Nutzen für die Erde. Zum Beispiel geben allein die 600 Pendler aus Retzstadt bei Würzburg pro Jahr rund eine Million Mark nur fürs Hin- und Herfahren zu ihrem Arbeitsplatz aus; Herbert Schambeck,

Vorsitzender des Fördervereins bayerischer Telezentren und Telehäuser e.V., hat das ausgerechnet. Sie schaden damit nicht nur ihrem Bankkonto, sondern vor allem der Umwelt, indem sie für die Ortsveränderung tonnenweise Autoblech in Bewegung setzen, Mineralöl vergasen und gelegentlich einen Fußgänger, Radfahrer oder Rentner rammen.

Langfristig, so die Hoffnung mancher Ökologen, kann das Wohnzimmer-Büro die Blechlawine auf den Straßen stoppen. In den USA trägt dazu der «Clean Air Act» bei, der große Firmen verpflichtet, ihren Mitarbeitern Alternativen für die Anfahrt per Pkw bereitzustellen. Eben dieses Gesetz zum Schutz der Atemluft erwies sich als Initialzündung für Unternehmen wie DuPont oder AT&T, ihre Telecommuting-Programme einzufädeln.

Das geht um so leichter, als sich zunehmend die Qualität der Arbeit verändert. Längst hat die Technik alle bisherigen Modelle von Forschung, Entwicklung, Produktion und Verteilung von Waren über den Haufen geworfen; nach der Ära von Kohle und Stahl ist seit den siebziger Jahren der Computer-Chip zum zentralen Produktionsmittel avanciert. Das große Geld wird nicht mehr in der Fabrik und schon gar nicht mehr im Kohlenflöz gemacht, es stammt immer häufiger aus dem Büro-Computer. Längst wird in Deutschland der größte Teil des Bruttosozialprodukts in den Büros erwirtschaftet.

Ein ganz normales Industrieprodukt besteht heutzutage zu mehr als zwei Dritteln aus Dienstleistungen wie Forschung, Entwicklung, Marketing oder Logistik-Arbeiten, die größtenteils am Computer geleistet werden. In einer Studie der Europäischen Union zum Thema Telearbeit heißt es, künftig würden 80 Prozent aller neuen Arbeitsplätze in kleinen Unternehmen der Dienstleistungs- und Informationsbranche entstehen. Deren Mitarbeiter sind aufgrund ihrer technischen Hilfsmittel an keinen sperrigen Maschinenpark mehr gefesselt – sie werden das Büro der Zukunft in der Jackentasche mit sich tragen.

Möglich wird das durch eine Technik, die sich unter dem Stichwort *Information Superhighway* oder *Datenautobahn* ins Bewußtsein des Verbrauchers gedrängt hat: die Vernetzung aller Kommunikationsmedien – Telefon, Fernsehen und Computer – in einem ganzen Land, wie Präsident Clinton sie 1994 für die Vereinigten Staaten als nationales Anliegen hinstellte.

Die Nervenbahnen dieses Netzes sind Glasfaserkanäle, die im Gegensatz zu herkömmlichen Kabeln enorme Signalmengen für Bild, Ton und Daten übertragen können. Der technische Haupt-Unterschied: Die Glasfasertechnik ermöglicht die sogenannte Breitbandkommunikation. Anders als Opas Fernmeldetechnik via Kupferlitze können Breitbandkabel nicht nur einige Kilohertz-Frequenzen, sondern größere Bandbreiten von mehreren Megahertz übertragen. Die Signale selbst werden bei dieser Übertragungsart in Form von zweiwertigen Zeichen weitergereicht, also digitalisiert. In extrem kurzer Zeit identifizieren und verarbeiten die Computerchips der neuen Generation die Datenmassen und steuern sie durchs Netz.

Die Geschwindigkeit der Datenübertragung revolutioniert die Möglichkeiten der bisherigen Computernetze. Erst die breitbandigen Netze nämlich können bewegte Bilder, beispielsweise für Video-Konferenzen, oder die hochauflösenden Fernsehbilder der HDTV-Technik in Echtzeit senden. Dramatisch verändern werden sich damit die private, aber auch die Arbeitswelt, sagen Computer-Experten voraus. Das Bildtelefon, das HDTV-Fernsehen oder der Videothek-Zugriff per Fernbedienung sind nur ein bescheidener Anfang.

Erst mit der Breitbandverkabelung wird auch die Bürowelt auf dem heimischen Schreibtisch möglich: blitzschneller Datenaustausch, Bildtelefon-Konferenzen mit den Kollegen, Konstruktions-Sitzungen zwischen zwei Ingenieuren, die in Wirklichkeit Tausende von Meilen voneinander entfernt an ihren Computern hocken und dennoch gemeinsam ein kompliziertes Maschinenteil aushecken.

Wie das in der Praxis läuft, beweist die Konstruktion des

jüngsten Sechszylinder-Motors von Ford, der im Herbst 1994 der Öffentlichkeit vorgestellt wurde. Konstruiert wurde er in einer firmeninternen und dennoch multinationalen Zusammenarbeit, wie es sie, laut Firmenangabe, «zumindest auf dem Motorsektor zuvor nie gegeben hat». Die sah so aus: Die produktivsten Eierköpfe aus den Ford-Entwicklungszentren im rheinischen Köln, dem britischen Dunton und dem amerikanischen Dearborn schalteten sich per Computer und Monitor zusammen und konferierten über Monate via Video-Wand und Satellit hinweg. Ganz unabhängig davon, wo die entsprechenden Ingenieure gerade ihr Pausenbrot verzehrten, benutzten die Mitglieder des Konstruktionsteams gemeinsam den werkseigenen Cray-Supercomputer.

Rudolf Menne, Chefingenieur der Motorenentwicklung und -konstruktion in Köln-Merkenich, berichtete darüber, die internationale Entwickler-Gruppe habe sich mit Hilfe der Computer- und Video-Technik «für Detailprobleme die jeweils besten Spezialisten aus dem Konzern» ruckzuck heranziehen können; auf diese Weise sei auch «viel multikulturelles Gedankengut mit eingeflossen». Nicht darauf komme es an, alle Beteiligten an einer komplizierten Entwicklungsaufgabe unter einem Dach zu versammeln, sondern sie mit der revolutionären Computer- und Kommunikationstechnik vertraut zu machen. Dann sei es gleichgültig, ob man Tür an Tür oder diesseits und jenseits des Ozeans sitze.

Was international operierende Konzerne schon heute nutzen – die persönliche Abstimmung über Tausende von Kilometern hinweg per Videokonferenz –, wird dem Stubenhocker als dem idealen Arbeitnehmer von morgen das tägliche Brot sein. Und das nicht nur aus Bequemlichkeit, nicht nur der Umwelt zuliebe, sondern auch aus Qualitätsgründen. «Die computerunterstützte Teamarbeit ist das Kennzeichen moderner Organisationen und zugleich der Schlüssel zur Wettbewerbsfähigkeit in zukünftigen Märkten», sagt Hermann Stehlik von der Firma Lotus Development.

Das Wirtschaftsmagazin *Forbes* zählte 1994 «25 Berufe, die sich zum Telependeln eignen» auf. In der Liste fanden sich Tätigkeiten wie Architekt oder Schriftsteller, Darlehensverwalter oder Designer, Grafiker oder Innenarchitekt; selbst die Arbeit von Managern, Rechtsanwälten, ja Universitätsprofessoren eignet sich nach Deutung der Zeitschrift schon heute zur professionellen Flucht in die eigenen vier Wände.

Schon heute stehen dem Telependler als Grundausrüstung Mobiltelefon, Modem, Notebook, Drucker, CD-Speicher, Fax, Video und Diktiergerät zur Verfügung. Um wieviel komfortabler wird's der Tele-Heimarbeiter der Zukunft haben! Schon jetzt kann man sich mit Kleincomputern vom Format eines Briefbogens in weltweite Computernetze einklinken. Ansatzweise können Notebooks schon Handschriften erkennen und sogar gesprochene Sprache in digitale Signale umsetzen. Die Geräte können selbstverständlich zudem scannen, faxen und kopieren. In wenigen Jahren könnten die Maschinen sogar in der Lage sein, in Konferenzen als «Übersetzungscomputer» zu dienen.

Wer bei alledem die Büro-Atmosphäre vermißt, dem kommt als jüngste Entwicklung *Virtual Workplace* entgegen, das Schein-Büro. Via Breitbandkabel beschert es dem Benutzer die Illusion, sich mitten in einem Büro zu befinden – obwohl das Dutzende, ja Tausende von Kilometern entfernt sein kann. Dreidimensionale Bilder, typische Geräusche und sogar Gerüche nähren die Vorstellung, mit den Kollegen im gleichen Raum zu hocken.

Einsam wird der Telependler in seinen vier Wänden ohnehin nie sein. Dafür sorgen neben den beschriebenen technischen Finessen seines heimischen Cyber-Zentrums die wachsenden Computernetze. So er denn mag, kann der Telecommuter sich zum Beispiel an die 30 Millionen Gleichgesinnten halten, die ihm allein das «Internet» bietet. Einst gegründet für Wissenschaftler und Militärs, bietet das Computernetz Nachrichtenübermittlung von Bildschirm zu Bildschirm, Schwarze Bretter und private Diskussionsforen. Themenbreite: von neuen Erkenntnissen der Elementarteilchen-Physik bis zu Knödelrezepten oder Problemen des Fuß-Fetischismus.

Noch weiter geht der Plan zweier erfolgsgewohnter amerikanischer Unternehmer: Nicht weniger als 840 Kommunikationssatelliten wollen sie in den Orbit schießen, um den ganzen Erdball quasi breitbandzuverkabeln. Das klingt nach Größenwahn, doch haben die beiden – der Medienunternehmer Craig McCaw und das Microsoft-Wunderkind Bill Gates – etwas kleinere Wunder schon vollbracht. Von jedem Flecken der Erde aus, so der Plan für das Projekt «Teledesic», sollen sich die Nutzer aus 500 TV-Kanälen ihr eigenes Programm zusammenstellen oder gar per Teledemokratie die Geschicke ihres Landes mitbestimmen können. Bis zum Jahr 2001 sollen alle Satelliten auf die rechte Umlaufbahn eingeschwenkt sein; Kosten: rund neun Milliarden Dollar.

Den Stubenhocker kann's nur freuen – auch für seinen Job: Wenn die neuen Medien alle Ecken der Erde erreichen, gibt es auch für Geschäftsleute keinen Grund mehr zu verreisen.

Wer einkaufen will, wird das Haus ebenfalls nicht mehr zu verlassen brauchen: *Teleshopping* heißt das neue Modell. Schaltet man beispielsweise in New York auf Kanal 55, so findet man sich im Programm Werbe- und Verkaufsshow QVC. Das Kürzel steht für «Quality and Value for Customers», Qualität und Gegenwert für Kunden. Es repräsentiert eines von zwei großen Tele-Kaufhäusern, die in den USA glänzende Geschäfte machen.

Und das geht so: Auf dem Bildschirm werden der Reihe nach bestimmte Waren vorgestellt, zum Beispiel im Plausch zwischen zwei Damen; gleichzeitig die Bestellnummer des gezeigten Produkts in einer Ecke eingeblendet, daneben der Preis. Besondere Verkaufsmasche: Oft wird ein Sonderangebot nur für wenige Stunden ausgelobt, was die Kunden zu raschen Entschlüssen veranlassen soll. Beißt der Zuschauer an, so wählt er eine gebührenfreie Telefonnummer und nennt seinen

Wunsch. Bezahlt wird mit Abbuchung von der Kreditkarte, geliefert wird ins Haus.

Kann Einkaufen bequemer sein? Vor allem Mütter und Familienväter wissen von den Widrigkeiten des Konsums aus erster Hand ein Lied zu singen. Welche Entlastung bahnt sich da an: Nie wieder mit quengelnden Kindern durchs Gedränge, nie wieder eingeschnittene Finger von übervollen Plastiktüten! Zu schweigen von dem enormen Zeit- und Bewegungsaufwand. Und die Technik schreitet voran: Die Waren werden sich in naher Zukunft nicht nur dreidimensional, sondern auch mit dem für sie typischen Duft präsentieren, womöglich sogar mit dem Gefühl, wie es ist, sie anzufassen. Auch wird uns das Schniefen der Verkäuferin erspart bleiben, wenn wir das dreißigste Paar Schuhe anprobieren: Per Fernbedienung holen wir sie aus dem Fernseh-Regal und mustern sie in ungestörter Ruhe.

In den USA ist Teleshopping längst ein Renner: Waren im Wert von 42 Milliarden Dollar wurden 1992 per Fernseher geordert, 30 Prozent mehr als 1988, rechnet das Wirtschaftsmagazin *Forbes* vor. Gleichzeitig verringerte sich die Zeit, die amerikanische Bürger in den Konsumtempeln verbrachten, von 90 Minuten pro Woche im Jahre 1982 binnen zehn Jahren auf 72 Minuten; zudem sank die Zahl der bei einem Einkaufsbummel besuchten Geschäfte von 3,6 auf 2,6.

Auf der Basis von Glasfaser- und Digitaltechnik wird bald auch der immer noch umständliche Griff zum Telefonhörer entfallen. Der Dialog zwischen Zuschauer und Maschine wird sich über Fernbedienung und Joystick rasch zum Gespräch entwickeln – der Mensch wird seiner Multimedia-Maschine einfach sagen können, was er von ihr möchte. Fast alles sagen kann er seit 1995 auf den Überseestrecken der British Airways: von seinem Sessel aus einkaufen in den großen Kaufhäusern der Welt, aber auch sich eine Straßenkarte des Zielorts auf den Bildschirm holen, einen Mietwagen buchen, einen Film auswählen oder auf Pferde setzen.

Auch vor feierlichen Anlässen macht die Elektronik nicht halt. «Leise klapperten die Tasten des Computers», berichtete der *Stern* über eine Digital-Trauung. «‹Ja, ich will›, tippte Amy Gross, während ihr Bräutigam glücklich lächelnd neben ihr saß.» Stilecht war sich das Paar via Geplänkel im Computernetz nähergekommen und feierte die Hochzeit on line: 60 Gäste aus allen Teilen der USA waren anwesend – per Computer und Telefon. Nach dem elektronischen Ja-Wort leuchteten auf dem Bildschirm die aus der Ferne gesendeten Reaktionen der Gratulanten: «Die Familie klatscht», kam von den Schwiegereltern, «Jenny weint» von einer Computer-Freundin.

Die Trauung selbst wurde allerdings von lebenden Menschen in echten Räumen vorgenommen – ein Rückfall in die dreißiger Jahre: Denn schon im Zweiten Weltkrieg ließen mehrere kriegführende Mächte die Ferntrauung zu. Da die eigentliche Traumhochzeit längst im Fernsehen stattfindet, wird die Zeit nicht mehr fern sein, in der es zur Trauung keines real anwesenden Brautpaars mehr bedarf.

17. Und was wird
aus der Weltwirtschaft?

Fabriken verödet, Kellner arbeitslos, Tourismus-Manager auf der Barrikade – läßt sich einer Katastrophe auf dem Arbeitsmarkt denn ausweichen bloß mit Teleshopping und Heimarbeit? Schön und gut, daß das Zuhausebleiben den Umweltschutz mit dem Amüsement verbindet – aber sollen wir diesem Ideal zuliebe unsere gesamte Volkswirtschaft umkrempeln und letzten Endes ruinieren?

Weder das eine noch das andere, natürlich. Zunächst hilft uns ja der Faktor *Zeit*. Wurden denn etwa sämtliche Pferdekutscher, Pferdepfleger und Stellmacher im Handumdrehen arbeitslos, als 1804 die erste Lokomotive Kohlenwagen zog – oder wenigstens 1825, als die ersten Menschen mit Dampfkraft auf Eisenschienen fuhren? Nichts davon. In winzigen Schritten nahm die Eisenbahn ihnen über Jahrzehnte einen Teil ihrer Aufträge ab – wobei sie übrigens «Millionen Zugpferden ihr jammervolles Dasein ersparte», wie Arthur Schopenhauer 1851 schrieb (eine frühzeitige Aufforderung, den Blick nicht auf bloße Wirtschaftsfragen zu verengen).

Als 1869 der ersten Schienenstrang die USA vom Atlantik zum Pazifik durchquerte und damit die größte Zeit der Eisenbahn begann, war das Kutschergewerbe noch lange nicht am Ende. Und noch immer nicht, als Anfang Juli 1886 die erste Benz-Kutsche durch Mannheim knatterte. Erst um die Jahrhundertwende wurden in Deutschland die letzten Pferdeomnibusse von elektrischen Straßenbahnen abgelöst – und was findet der Tourist noch heute in Wien, Rom, New York und anderswo? Pferdekutschen! Sie sind also niemals ausgestorben, und zur Gewöhnung an die neue Phase der Weltwirtschaft hatte das Vierbeiner-Transportgewerbe mehr als hundert Jahre Zeit. Und lungern etwa irgendwo arbeitslose Droschkenkutscher herum?

Hundert Jahre freilich sollten wir uns diesmal nicht nehmen – denn ganz so viel haben wir nicht, und ganz so viel brauchen wir auch nicht. Aber von Jahrzehnten ist hier selbstverständlich immer und überall die Rede – Jahrzehnten der äußeren Anpassung, vor allem der inneren Umstellung. Wer unter diesen Umständen von einer drohenden Katastrophe spricht, der hat entweder ein erschreckend geringes Zutrauen zur Flexibilität und zum Einfallsreichtum unserer Gattung – oder er hat einfach Angst vor dem Wandel, denn der ist natürlich unbequem. Wer in Pferdemist verliebt ist, wird ihn vermissen.

Solche Angst vor dem Wandel macht erfinderisch; und darum sollten wir alle Argumente gegen die notwendigen Anpassungen darauf abklopfen, ob es sich nicht um Scheinargumente handelt, mit denen nur Halsstarrigkeit und Hasenherzigkeit getarnt werden sollen.

Selbstverständlich wird jeder Plan, der aus dem Touristen einen Stubenhocker machen will, zu einem Aufschrei auf allen Kontinenten führen – einem Schrei der Hotelbesitzer, Flugkapitäne, Eisenbahnschaffner, Kellner, Museumswärter, Bordellwirtinnen und Gigolos; aber selbstverständlich auch der Hersteller aller zur Reise nötigen Utensilien wie Autos, Flugzeugtriebwerke, Koffer, Mountainbikes, Kreuzfahrtschiffe, Reisenecessaires und Ansichtskarten.

Und ebenso wird jeder Plan, der Arbeiter daran hindern will, Fabriken aufzusuchen, auf den Protest der Betroffenen stoßen und natürlich vieler Professoren der Volkswirtschaft. Wenn die sich den Kopf über das ideale Wirtschaftssystem zerbrechen, haben sie hart genug gearbeitet – doch nun wollen wir ihnen auch noch das klassische Ziel «Gewinnmaximierung» aus der Hand schlagen und das schöne Schlagwort «Wohlstand für alle» mit dem Zusatz versehen: vorausgesetzt, daß mindestens 70 Prozent der Bürger damit einverstanden sind, den Wohlstand *nicht* als Lohn für geleistete Arbeit zu betrachten, sondern als Prämie fürs Zuhausebleiben.

Erwirtschaftet wird diese Prämie von jener kleinen Minderheit, die uns mit genügend Produkten versorgen kann, wie im ersten Kapitel dargetan, und der bedeutenden Minderheit jener, die die Dienstleistungen erbringen müssen.

Die volkswirtschaftliche Problematik dieses Schrittes in die Zukunft muß uns also wahrlich nicht umwerfen – ja es könnte sein, daß sie sich mehr oder weniger von allein erledigt, wenn wir sie dem freien Spiel der Kräfte überlassen. Denn wie ist die Lage?

1. Arbeit findet ohnehin überwiegend in Haus und Garten statt und bleibt unbezahlt, wie aus der schon zitierten Studie des Bundesfamilienministeriums und des Statistischen Bundesamts von 1994 hervorgeht: Auf 22 Wochenstunden bezahlter Arbeit treffen im Jahresdurchschnitt aller erwerbstätigen Deutschen 28 Stunden Heimarbeit. Dabei verdient es die Heimarbeit vermutlich, in jeder Minute «Arbeit» zu heißen – eine Deutung, die man dem Alltag vieler Büromenschen nicht so leicht zubilligen kann. Die Erwerbsarbeit sollte also endlich aufhören, sich so zu spreizen, als ob sie die Welt zusammenhielte.

2. Bei 35 bis 38 Wochenstunden, sechs Wochen Urlaub und einem stattlichen Krankenstand lassen sich die «werktätigen Massen» ohnehin längst besser als freizeitgestaltende Massen beschreiben: Die frei verfügbare Zeit (Schlaf, Essen und Körperpflege schon abgezogen, weil das ja sein muß) hat die Jahresarbeitszeit weit überholt. Ein Arbeiter des 19. Jahrhunderts, mit sechs Zwölf-Stunden-Tagen in der Woche und ohne jeden Urlaub in seinem ganzen Leben, würde seine Kollegen von heute viel näher bei den Arbeitslosen als bei den Werktätigen vermuten. Auch aus diesem Grund sollte die Erwerbsarbeit endlich aufhören, sich für das Rückgrat des Abendlands zu halten.

3. Was aber heute noch amtlich als Arbeitslosigkeit bezeichnet wird, steigt ohnehin und rettungslos: Die Arbeit geht uns aus. Im reichen Deutschland waren 1994 fast vier Millionen Menschen arbeitslos; zwei Millionen müßten redlicherweise hinzugezählt werden – wenn man die Unbeschäftigten betrachtet, die in Umschulungs-, Förder- oder ABM-Maßnahmen parken. In der Europäischen Union gibt es offiziell 20 Millionen, in den westlichen Industriestaaten zusammen 35 Millionen Arbeitslose; die Dunkelziffer nicht gerechnet. In Brüssel verlautet dazu lapidar, eine Arbeitslosenquote von 12 Prozent werde sich in Europa stabilisieren.

Selbst ein Aufschwung ändert an dieser Quote wenig: Auf dem Gipfel der letzten Konjunkturwelle, 1991, hatten immer noch 1,7 Millionen Menschen keinen Arbeitsplatz.

Im Weltmaßstab aber gehören unsere Arbeitslosen zu den Wohlhabenden – und die Produktivität der deutschen Industrie nimmt so gewaltig zu, daß man die Menschen, die man zum Produzieren nicht mehr braucht, mühelos und üppig versorgen kann. Schraubten die Rüsselsheimer Opel-Arbeiter 1991 noch 36 Stunden an einem Neuwagen, bis er fertig auf vier Rädern stand, so waren es 1994 nur noch 26 Stunden; zugleich verringerte sich die Zahl der Beschäftigten von 32 000 auf 27 000. Ihre Kollegen im neuerbauten Werk Eisenach waren im gleichen Jahr schon bei 20 Stunden pro Pkw angelangt und damit nach Werksangaben «europaweit führend». Nächstes Etappen-Ziel: das 17-Stunden-Auto. Computerchip und Mikrotechnik sind dabei, den Produktionsfaktor Mensch bei immer mehr Tätigkeiten zu ersetzen. «Die Welt wird nicht mehr von Waffen, Öl oder Geld beherrscht», heißt es bezeichnenderweise im Hacker-Film *Sneakers*, «sondern von kleinen Nullen und Einsen.»

Reguliert wird die Produktion durch ein Konsumentenverhalten, das sich durch das Multimedia-Terminal in der heimischen Wohnung radikal verändert. Wir haben gesehen, welche Auswirkungen die technische Revolution auf das Einkaufen schon jetzt in den Vereinigten Staaten und auch in naher Zukunft in einigen europäischen Ländern hat.

Denken wir radikal weiter: Durch die interaktive Multimedia-Maschine im Wohnzimmer aller potentiellen Abnehmer könnte ein Produzent der Zukunft ein Produkt, das er auf den Markt bringen will, jederzeit testen lassen ohne das geringste Risiko eines Flops. Erst dann nämlich, wenn genügend Interessenten sich im interaktiven Prozeß bei ihm gemeldet und etwaige Verbesserungswünsche vorgetragen hätten, brauchte er vom Computer-Abbild in die Welt der Produktion hinabzusteigen. Das spart Rohstoffe und minimiert sein Risiko.

Was dem Menschen in der Produktion der Zukunft bleiben wird, ist also nur zweierlei: der Aufbau und die Überwachung der Produktionsstätten – und der neue Riesenmarkt der Millionen Multimedia-Zentren. «Arbeitslosigkeit speist die Arbeit», schrieb der Pädagoge Hartmut von Hentig schon 1984 in seinem Buch mit dem zukunftsweisenden Titel *Das allmähliche Verschwinden der Wirklichkeit*: «In dem Maß, in dem Menschen nicht arbeiten, werden sie Bildschirmgeräte, elektronische Unterhaltungsmaschinen, telematische Berater und Psychiater, Kontaktvermittlungen und Unterricht haben – die Vorbereitung auf den nächsten, durch Telematik verursachten Berufswechsel.»

Das hören wir gern: So wird das Medium letztlich zum Garanten der Gerechtigkeit zwischen denen, die noch einen Arbeitsplatz besitzen, und jenen, die keinen mehr haben. Denn, so von Hentigs These weiter: «Wer arbeitet und wer nicht, wird man äußerlich kaum erkennen können: Beide sitzen vor einer Mattscheibe mit Tastatur. Der Unterschied ist: Der eine muß, der andere darf – und der eine hilft die Maschinensteuer aufbringen, aus der der andere bezahlt wird.»

Und gegen diese erfrischende Einsicht halte man die Verbohrtheit, mit der der französische Vielschreiber und Ex-Präsidentenberater Jacques Attali in seinem futurologischen Essay *Millennium* den postkapitalistischen *Homo sapiens* mit

Arbeit überhäuft: Eine «nomadische Existenz» werde er führen, überall erreichbar, um überall und jederzeit eins zu tun: zu arbeiten. Attalis These fußt darauf, daß der Mensch des ausgehenden 20. Jahrhunderts per Computer, Modem und Satellitenfunk seine Tätigkeit von jedem Punkt der Welt aus wird wahrnehmen können. Er werde also, denkt Attali, (a) an jedem beliebigen Ort und (b) zu jeder beliebigen Zeit, quasi Tag und Nacht arbeiten, weil die natürliche Aufteilung von Tag und Nacht, von Anwesenheit und Abwesenheit am Arbeitsplatz abgeschafft sein werde. «Zum erstenmal in der Geschichte hat der Mensch keine Adresse mehr», behauptet Attali.

Da sei der Stubenhocker vor! Attali propagiert ausgerechnet zwei der am wenigsten für diesen Planeten zuträglichen Eigenheiten auf einmal: erstens die Möglichkeit des dauernden Ortswechsels und zweitens die permanente Arbeit. Jene unselige Arbeitsmoral, die schon so viel Unglück über die Menschheit gebracht hat, bäumt sich hier zu einem krönenden Unsinn auf. Dieses verdammte «Ethos der Arbeit», diese Zwangsvorstellung, daß erst die Arbeit dem Menschen seine Würde verschaffe, ist beim Übergang zur neuen Wirklichkeit ein viel höheres Hindernis als die Probleme der volkswirtschaftlichen Anpassung, von denen bisher die Rede war.

Die Weltgeschichte der Arbeit ist voller Widersprüche, und die beginnen schon in der Bibel: Für sie war Arbeit erstens Gottes Fluch, zweitens Gottes Gnade und drittens jederzeit entbehrlich. «Im *Schweiße* deines Angesichts sollst du dein Brot essen», scholl es Adam vor der Vertreibung aus dem Paradies entgegen (1. Mose 3,19). «Aber von Gottes *Gnade* bin ich, das ich bin», schrieb Paulus an die Korinther, «und seine Gnade an mir ist nicht vergeblich gewesen, sondern ich habe viel mehr gearbeitet denn sie alle» (1. Kor. 15,10). Jedoch: «Der Segen des Herrn macht reich ohne Mühe» (Sprüche Salomos 10,22), und an den Vögeln unter dem Himmel sollen wir uns ein Beispiel nehmen, denn sie säen nicht, sie ernten nicht, und der himmlische Vater ernähret sie doch (Matth. 6,26).

Und was nicht alles «Arbeit» heißt! Das deutsche Wort stand einst für Mühsal und Plage, das spanische *trabajo* heißt außer Arbeit auch Mühsal und Schmerz, das englische *labour* schließt die Geburtswehen ein, das lateinische *labor* hieß ursprünglich das Wanken unter einer Last. Arbeit ist also seiner Herkunft nach ein Schmerz, der vorübergeht. Für uns ist sie das Gegenteil: oft schmerzlos, sogar erfrischend, immer aber ein regelmäßiges, beharrliches, zielstrebiges Tun über Stunden, Wochen oder Jahrzehnte – und eben damit ein Greuel für Kinder und Wilde: Sie handeln in Aufwallungen, und wenn sie Mühe investieren, dann einem greifbar nahen Ziel zuliebe.

Die beharrliche Arbeit, die Fron – sie ist erst mit der Kultur über den Menschen gekommen, also unendlich spät in seiner millionenjährigen Geschichte. Zwar gibt es Arbeiter unter den Tieren, wie Ameisen und Bienen, doch unsere äffischen Vorfahren waren schweifende Nahrungssammler, und auch unsere menschlichen Ahnen kannten jahrhunderttausendelang nicht die Last des Grabens und Schaufelns, des Schleppens und Zimmerns, des Steinschärfens und Feuerbohrens, mit dem schließlich der große Aufschwung der Menschheit einsetzte. Bis dahin galt: Wenn ein eßbares Tier erlegt und jeder Magen voll war, gab es keine Pflichten.

Der radikale Einbruch der reglementierten Plackerei geschah erst vor sechs- bis achttausend Jahren mit der Einführung des Ackerbaus. Wohl konnte jedes Stück Erde nun zehnmal so viele Menschen ernähren wie zuvor – doch um welchen Preis! Seßhaftigkeit, Häuserbau, Vorratswirtschaft, Bewässerungsanlagen, Düngen, Pflügen, Säen, Ernten, Dreschen, Stapeln – und all dies fürs ganze Leben kalendarisch unentrinnbar festgelegt, auch bei mörderischer Hitze und selbst mit vollem Bauch, aus dem doch jeder anständige Affe das Recht auf totale Faulheit abgeleitet hatte.

Kein Wunder, daß sich zusammen mit der Landwirtschaft die *Sklaverei* ausbreitete: Nein, einem Menschen von Rang und Verstand war solche Plage nicht zuzumuten. So trat zusammen mit Landwirtschaft und Arbeitspflicht auch die hochmütige *Arbeitsverweigerung* durch alle, die es sich leisten konnten, ins Leben. Griechen und Römer brachten es darin zur Meisterschaft, ihre Dichter und Philosophen priesen als einzige menschenwürdige Daseinsform die Muße.

Und nicht nur eine herrschende Kaste erging sich im Müßiggang – alle Bürger Athens wie der Pöbel von Rom hielten Arbeit für schändlich, kein einziger Spartiat erlernte ein Handwerk, das war ihm verboten – Handwerker heißt griechisch *bánausos* und ist bis heute ein Schimpfwort geblieben. Die Römer nannten das Handwerk *sordidae artes*, die schmutzigen Künste. «Nichts tun entzückt mich», sagte Cicero, und Aristoteles sicherte die Muße der Bürger durch ein Lehrgebäude zur Rechtfertigung des Sklavenstandes ab.

Im Mittelalter grenzte sich das Vorrecht des Nichtarbeitens auf den Adel ein, während das Bürgertum es durch wachsenden Fleiß langsam zu Wohlstand und politischem Einfluß brachte. Von dem Genfer Reformator Johannes Calvin (1509–1564) schließlich und am konsequentesten von dem englischen Prediger Richard Baxter (1615–1691) wurde die Arbeit zum vornehmsten Lebensinhalt hochgelobt. Auch der Reiche soll nicht essen, ohne zu arbeiten! verlangte der Puritaner Baxter. Denn Arbeit ist nicht dazu da, die Lebensbedürfnisse zu befriedigen, sie ist Gottesdienst. Und diesen Dienst hat der Fromme in seinem kurzen Leben pausenlos zu leisten, ohne Luxus und Geschwätz und mit möglichst wenig Schlaf. Auch hilft Arbeit gegen religiöse Zweifel und sexuelle Anfechtungen, sie ist «innerweltliche Askese». Das hieß, wie der Soziologe Max Weber 1920 schrieb: Einschnürung des Konsums bei gleichzeitiger Entfesselung des Erwerbsstrebens, also: «Kapitalbildung durch asketischen Sparzwang».

Doch die Gegner des Kapitalismus predigten mit nicht geringerem Eifer, daß die Fron teils unerläßlich, teils eine Wonne sei. Der französische Sozialist Charles Fourier proklamierte das *Recht auf Arbeit*, für Hegel war Gott «der große Arbeiter des Weltgeistes», Marx forderte «gleichen Arbeitszwang für alle» und «industrielle Armeen besonders für den Ackerbau» (also eine Art Reichsarbeitsdienst), Engels würdigte den *Anteil der Arbeit an der Menschwerdung des Affen.* («Wäre das wahr», meint Gabriel Laub, «müßte man sagen, daß es ein ganz dummer Affe war, der auf den Gedanken kam, sich durch Arbeit zu vermenschlichen.»)

Stalin ernannte 1935 den Grubenarbeiter Alexei Stachanow zum Vorbild aller Sowjetmenschen, weil er sein Tagessoll um das Fünfzehnfache übertroffen hatte und damit den Weg zum Sieg des Sozialismus gewiesen habe, der nur mit Hilfe überlegener Produktivität errungen werden könne. Für jeden arbeitsfähigen Bürger der DDR war Arbeit ein Recht, eine Ehre und eine moralische Pflicht.

Kurzum: Es ist zum Speien, wie Christen und Atheisten, Kapitalisten und Kommunisten uns gleichermaßen mit der Religion der Arbeit in den Ohren liegen. Das empfand schon Marxens Schwiegersohn Paul Lafargue, der 1883, zwischen Satire und grimmigem Ernst, *das Recht auf Faulheit* verkündete. Er geißelte «die rasende, bis zur Erschöpfung der Individuen und ihrer Nachkommenschaft gehende Arbeitssucht». Die Proletarier würden zur Arbeit gezwungen? Nein, sie hätten es sich in den Kopf gesetzt, die Kapitalisten zu zehn Stunden Gruben- und Fabrikarbeit anzuhalten. Davon kämen das Massenelend und die sozialen Revolutionen. Nicht verlangen – verbieten muß man die Arbeit, wenn sie pro Tag drei Stunden überschreitet! Hat sich nicht der Gott der Bibel nach ganzen sechs Tagen Arbeit auf immer ausgeruht?

Höchste Zeit, daß diese Gegenposition einmal bezogen wurde. Für alle Menschen gelten kann sie freilich nicht: nicht für die Bauern von China und Indien, nicht für das Milliardenheer der Proletarier in den ärmeren Ländern der Welt, auch bei uns nicht für berufstätige Mütter oder Frauen mit mehreren kleinen Kindern. Doch unseren Arbeitslosen dürfen und müssen wir den Lafargue entgegenhalten: den Millionen, die wir schon haben, und den vielen Millionen, denen wir zusätzlich die Würde des Nichtarbeitens verleihen sollten.

Was für Depressionen gehen um, was für Verrenkungen werden vorgenommen, weil wir nicht aufhören können, die Arbeitslosigkeit als Makel anzusehen! Das Schweizer Bundesamt für Industrie, Gewerbe und Arbeit legte 1994 eine Studie vor, wonach die rapide wachsende Zahl der Psychosen in der Schweiz vor allem auf die Langzeitarbeitslosen zurückgehe: Auf die anfängliche Ferienstimmung folge bei ihnen die Phase der Revolte, dann die Resignation, dann die Depression.

Die Lage ist doch klar: Liefert diesen armen Teufeln erstens ein Multimedia-Zentrum ins Haus und dazu zweitens ein gutes Gewissen! Ebenso jenen traurigen Figuren, die zur Bürozeit mit der Aktentasche die Wohnung verlassen und den Tag im Park oder im Museum vertrödeln – um gegenüber ihren Nachbarn den Schein des Arbeit-Habens zu wahren. Hier liegt der Hund begraben! Nicht die Volkswirtschaft – die Seelenlage der Nation ist das Problem! Da wartet eine Aufgabe auf Philosophen, Journalisten, Gewerkschaftsfunktionäre und redselige Bundespräsidenten.

Ein paar zarte Hoffnungen keimen ohnehin. Die drastische Verkürzung der Wochen-, Jahres- und Lebensarbeitszeit, Teilzeitarbeit, gleitende Arbeitszeit, aber auch die Arbeitslosigkeit selber sind dabei, das verfluchte Arbeitsethos aufzuweichen. Unter jungen Leuten zumal breitet sich die Neigung aus, den Lebenssinn mehr in der Freizeit als in der Arbeit zu entdecken; eine gar nicht so kleine Minderheit hat von ihren Vätern ohnehin so viel geerbt, daß sie bescheuert sein müßte, wenn sie das Hohelied der Arbeit sänge.

Das neue Arbeitsethos könnte das ganz alte, das ursprüngliche sein – wie Heinrich Böll es in seiner «Anekdote zur Senkung der Arbeitsmoral» 1963 beschrieben hat. Da fragt der Tourist den Fischer, warum er den Nachmittag im Hafen vertrödle, statt noch einmal hinauszufahren und mehr Fisch zu fangen. Warum? fragt der Fischer. Weil er dann mehr verdiene, antwortet der Tourist, also sich ein zweites Boot anschaffen und noch mehr Fisch fangen könne. Warum? fragt der Fischer. Weil er dann eines Tages vielleicht eine Fischfabrik bauen und noch mehr Geld verdienen könne – um sich schließlich zur Ruhe zu setzen und müßig aufs Meer zu schauen. Das habe er jetzt schon, sagt der Fischer.

Das ist ein Stück von der Gesinnung, die wir brauchen und die wir uns zugleich leisten können, seit diese vier Faktoren aufeinandertreffen: daß der Gesellschaft die Arbeit ausgeht, daß die Volkswirtschaft immer mehr produziert, daß Überproduktion und Mobilität die Erde verwüsten und daß es noch nie so vergnüglich war, sich von all dem fernzuhalten. Wo die Arbeit weithin schon ein bloßes Ergänzungsprogramm zur Freizeit geworden ist, sollte es uns möglich sein, auch noch auf diese Ergänzung guten Gewissens zu verzichten.

«Kann der zunehmende Arbeitszeitabbau nicht auch als befreite Zeit verstanden werden, die dem einzelnen und der Gesellschaft erlaubt, andere Ziele als nur wirtschaftliche zu verfolgen?» fragt der Österreicher André Gorz, einer der führenden Sozialkritiker der Gegenwart. Wir gingen einer Zivilisation entgegen, in der Erwerbsarbeit als sinnstiftende und identitätsbildende Kraft immer unwichtiger werde: «Wir haben diese Stufe praktisch schon erreicht, allerdings ohne es einzugestehen.» Die Befreiung von der Dominanz der Erwerbsarbeit werde überdies verhindern, «daß die Sorge um den Nächsten, das Aufblühen des Kindes oder die Begleitung eines Sterbenden ausschließlich Sache von Fachkräften werden».

Das Ende der Arbeit bringt also auch noch mehr Menschlichkeit – zusammen mit mehr Vergnügen und der Rettung des Raumschiffs Erde vor dem Untergang.

18. Der Horror im Kinderzimmer

Daß wir dem Arbeitswahn ein Ende setzen können und sollen, kann also als erwiesen gelten. Nicht so klar ist, welche Programme das Fernsehen uns anbieten muß, damit wir uns zu Hause wirklich amüsieren. Was es heute zumal den Kindern antut, ist oft kriminell.

Beispiel 1: «Ich sah, wie zwei Frauen wie Schaschlik auf Pfähle gespießt wurden. Die Pfähle rammten sich durch den Körper. Auf der Spitze waren die Eingeweide. Das Blut lief wie Sirup an den Pfählen herunter.» Beispiel 2: «Der Kerl schnappte mich und nagelte mir die Hände und Füße an die Wand. Dann merkte ich, wie sich seine halbverwesten Finger in meinen Mund schoben und mir die Zunge herausrissen. Dann sauste ein Skalpell über meinen Magen, und die Organe fielen klatschend auf den Boden.»

Zwei Zitate aus Aufsätzen von Vierzehnjährigen. Ihr Lehrer fand sie, nachdem er die Achtkläßler gebeten hatte, von Medien-Erfahrungen zu berichten. Der Pädagoge aus Lübeck klagte dem *Stern* angesichts solcher Schilderungen sein Leid – und seine Befürchtung: Horrorfilme okkupieren mit ihren Gewalt- und Ekelbildern zunehmend die Phantasie seiner Schüler.

Da wird dem Vorkämpfer des heimischen Multimedia-Zentrums mulmig zumute. Muß die neue Wirklichkeit so aussehen? Wie, wenn die in ihr gesammelten Eindrücke und Verhaltensmuster in die alte Wirklichkeit überspringen, die ja weiter existiert?

Da stecken wir mitten in jener Debatte, die, in Fachkreisen

seit Jahrzehnten geführt, in den letzten Jahren die Gemüter von Politikern und Pädagogen, Eltern und Erziehern immer mehr erhitzt. Wie kann man Kinder vor solchem Horror schützen? Wer wirft den Programm-Verantwortlichen jenen Knüppel zwischen die Beine, den sie dort offensichtlich brauchen?

Der Medienforscher Jo Groebel von der Universität Utrecht hat ermittelt: Rund 70 Morde servieren die deutschen Fernsehprogramme *täglich* frei Haus; vor fünfzehn Jahren brauchten die deutschen Sender immerhin noch eine Woche, um so viele Tote zu produzieren. Die insgesamt 2745 Gewalt- und Totschlagszenen einer Fernsehwoche zusammengeschnitten würden einen mörderischen 25-Stunden-Nonstop-Horror-Clip ergeben.

Noch schlimmer: Die größte Ballung körperlicher Gewalt konzentriert sich ausgerechnet auf die Zeit zwischen 18 und 20 Uhr, wenn die meisten Kinder und Jugendlichen vor der Mattscheibe sitzen. Wenn aber ab 23 Uhr nach deutschem Medienrecht auch solche Gruselschocker durch den Äther geistern dürfen, die offiziell als jugendgefährdend gelten, glotzen nach Jo Groebels Erkenntnissen immer noch bis zu eine halbe Million Kinder zwischen 6 und 15 Jahren auf den Schirm.

Überdies wenden RTL und SAT 1 gern den Trick an, jugendgefährdende Filme dadurch sendefähig zu machen, daß sie bei den scheußlichsten Einstellungen minimale Schnitte vornehmen. Den langjährigen Leiter der Bonner Bundesprüfstelle für jugendgefährdende Schriften, Rudolf Stefen, animierte diese Technik zu dem Vergleich: Man könne sicher mit einem Schnitt aus einem Stier einen Ochsen zaubern, aber sicher nicht aus einem Horror-Schocker die Kinderstunde. Eben solchen Zauber aber haben die beiden Sender nach Darstellung der Jugendschützer in acht Monaten 132mal betrieben.

Im Wettrennen um Einschaltquoten und Werbegelder zählen für die Sender solche Einwände bisher wenig: Gewalt auf dem Bildschirm zieht offensichtlich viele Zuschauer in ihren Bann. Wenn die Fernsehgewalt in kleinen Dosen kommt, vermittelt sie Kindern sogar angenehme Gefühle: Das Mitfiebern bei der Verfolgungsjagd, das Daumendrücken, daß der «Gute» bei der Ballerei möglichst ungeschoren davonkommt, der Wunsch, den Bösen möge seine Strafe treffen – all das läßt den Adrenalinspiegel hochschnellen und vermittelt das rauschhafte Erlebnis, die Gefahr erst zu durchleiden und sie dann siegreich zu bestehen.

Doch ebenso können Gewalt- und Horror-Szenen auch nackte Panik produzieren. Bei einer Umfrage der Zeitschrift *Eltern* berichtete ein 12jähriger: «Ich habe mal mein ganzes Abendessen ausgekotzt, als in einem Krimi der Mörder ein Messer mitten in den Bauch von einer Frau stieß. Ich sehe das heute noch deutlich vor mir.»

Ekel ist das eine – das andere die Frage: Stiftet Fernseh-Gewalt Halbwüchsige *zur Nachahmung* an? Bis vor wenigen Jahren trösteten die Fernseh-Macher (und etliche von ihnen fürstlich honorierte Medienforscher) sich und die Öffentlichkeit mit der sogenannten «Katharsis-These». Sie besagt in Anlehnung an die Poetik des Aristoteles, daß die Fernseh-Brutalität imstande sei, die Konsumenten von ihren eigenen gewalttätigen Regungen zu befreien. Das ist hübsch gedacht, doch leider unzutreffend. Denn Gewalt und Militanz im Fernsehprogramm kann «vor allem jungen Zuschauern den Eindruck vermitteln, Gewalt gehöre zu den normalen und legitimen Mitteln der Problem- und Konfliktbewältigung», stellt das Bundesministerium für Jugend und Familie fest. Dazu komme, daß vor allem jüngere Kinder die Vielzahl von brutalen Szenen kaum verarbeiten, das heißt zwischen Realität und Fiktion nicht unterscheiden können.

1993 trafen sich in Los Angeles 500 TV-Manager, Produzenten, Drehbuchautoren und Regisseure mit rund 100 Wissenschaftlern zu einer bis dato einmaligen Konferenz. Das Großaufgebot der Medien-Fachleute beschäftigte sich mit Studien aus den vergangenen vierzig Jahren, die übereinstimmend zu dem Ergebnis kommen, Gewalt in den Medien übe einen schädlichen Einfluß auf Kinder und Jugendliche aus, ja sie trage sogar wesentlich zum Anstieg der Kriminalität bei. Der Bamberger Medienwirkungsforscher Herbert Selg stellt folgerichtig fest, daß «es mittlerweile keinen ernsthaften Wissenschaftler mehr gibt, der die Katharsis-These noch vertritt». Die Botschaft lautet: Das Medium wirkt.

In noch vergleichsweise harmloser Form erweist sich das an der Reaktion vieler Halbwüchsiger auf die sogenannten Erotik-Filme, die am Fernseh-Wochenende die späten Abendstunden verschönern. «Jugendliche übernehmen oft unverdaut die Fernsehwelt, können nicht mehr zwischen Realität und Film unterscheiden», berichtet der Münchner Internist Kurt Henze, Mitarbeiter eines Schul-Gesundheitsprojekts. Schülerinnen der siebten Klasse einer Münchner Hauptschule erzählten über ihre Mitschüler: «Die greifen uns immer gleich an den Busen oder klatschen uns auf den Po», und auf Vorhalt sagten die Grapscher: «Im Fernsehen machen die es doch auch so, da haben die Mädchen nichts dagegen.»

Zur sexuellen Belästigung tritt die Gewalt. Ein schlagendes Beispiel dafür liefert der «Montags-Horror» in Schulen und Kindergärten, den viele Lehrer und Erzieher beklagen. Der Pädagogik-Professor Dieter Höltershinken von der Universität Dortmund fand heraus, daß am Wochenanfang jede fünfte Spielhandlung im Kindergarten exakt das widerspiegelt, was die Kinder sich am Wochenende an Filmen reingezogen hatten. Vor allem bei Rangeleien schreiben TV und Video das Drehbuch: Beherrschten früher harmlose Ringkämpfe den Pausenhof, so langen Streetfighter von heute richtig zu. «Die Jugendlichen haben keine Beißhemmung mehr», sagt der Münchner Kriminalhauptkommissar Joachim Solon, im Polizeipräsidium für jugendtypische Gewaltdelikte zuständig. «Heutzutage prügeln die weiter bis zur Besinnungslosigkeit und treten noch auf Wehrlose ein!» Solon berichtet von Kiefer-, Jochbein- und Nasenbeinbrüchen bis hin zu schwersten Kopffrakturen, oft mit Verlust des Augenlichts.

Ein 15jähriger mit dem Spitznamen «Rambo» zückt sein Kampfmesser und springt auf einen Stuhl. Bekleidet wie sein Idol mit einer Tarnfarben-Hose, attackiert er einen jungen Mann, der ihn zuvor gehänselt hat, und schlitzt ihm die Halsschlagader auf. Das Opfer stirbt. Der Täter ist ein Heimbewohner aus Bayern, für den die von Sylvester Stallone gespielte Kunstfigur seit Jahren das große Vorbild war. Vor Gericht bescheinigt der Psychologe dem jungen Killer folgerichtig, daß seine Messer-Attacke in «einem eingeübten Verhaltensmuster nach Rambo-Art» abgelaufen sei.

In Halle hängt sich ein 13jähriger mit einer Wäscheleine auf. Seine 9jährige Schwester steht mit einer Schere in der Hand daneben, um ihren Bruder zum Schluß des «Experiments» abzuschneiden. Doch als der Junge baumelt, rennt sie schreiend davon. Im letzten Moment kann der Vater seinen Sohn retten. Die Geschwister hatten zuvor im Fernsehen einen Film gesehen, in dem sich ein Junge aus Kummer erhängt; nun wollten sie ausprobieren, wie sich das anfühlt. Als sich im Fernsehspiel *Tod eines Schülers* ein Jugendlicher per Sprung aufs Eisenbahngleis entleibte, konstatierten Psychologen landauf, landab einen Boom dieser Selbstmord-Variante bei Jugendlichen.

So sprach die Bundesjugendministerin Angela Merkel den meisten Eltern aus der Seele, als sie feststellte: «Was oftmals über Stunden auf Kinder einprasselt, ist aus meiner Sicht ein Alptraum.» Ihr Ministerium fordert die Fernsehmacher auf: «Sorgen Sie für Abrüstung auf dem Bildschirm!»

Ein zwölfjähriger durchschnittlicher Fernseh-Konsument ist, wie das bayerische Justizministerium schätzt, schon Zeuge von 14 000 TV-Tötungen geworden. Das ist ja noch Gold im Vergleich zu den USA: Dort erlebt jedes Kind bis zum Alter von 18 Jahren durchschnittlich 40 000 Morde. Amerikanische Kinder zwischen 2 und 11 hocken pro Woche 25 Stunden vor der Mattscheibe. Und auch in Deutschland sitzen mittlerweile viele Jugendliche länger vor dem Fernseher als auf der Schulbank. Unter schwedischen Kindern zwischen 6 und 10 Jahren glaubten schon 1983 vierzig Prozent, «daß Menschen einzig durch Mord und Totschlag sterben».

Natürlich wäre es widersinnig, die schlimme Entwicklung vieler Jugendlicher allein dem Fernsehen anzulasten: Zerfallene Familien, verbauter Lebensraum, traurige Zukunftsperspektiven wirken daran mit – und, in einem letzten und verheerenden Aufbäumen, das sterbende, törichte Ideal vom Adel der Lohnarbeit, die sie nicht haben. Doch kein ernstzunehmender Forscher bestreitet mehr, daß das Fernsehen zu diesem Verfall der Sitten seinen Beitrag leistet. In den Worten der schwedischen Soziologin Inga Sonesson: Gewalttätige TV-Inhalte führen nicht automatisch zu gewalttätigem Verhalten, aber «genauso, wie Rauchen das Krebsrisiko erhöht, fördert Fernsehkonsum die Wahrscheinlichkeit, daß Kinder Probleme kriegen».

Bisher war nur von solchen Programmen die Rede, die unter einer Art öffentlicher Kontrolle ausgestrahlt werden. Der Tiefpunkt der bisherigen Entwicklung wird aber auf Video-Bändern erreicht, wie sie seit den achtziger Jahren in den meisten deutschen Haushalten abgespielt werden können: Sich die Horror-Schocker anzuschauen, die dort zu haben sind, ist der Lieblingssport schrecklich vieler Jugendlicher bis zu Sechsjährigen hinab.

Da produzieren also schamlose Menschen widerliche Videos – eine der schlimmsten Perversionen unserer großen bürgerlichen Freiheit. Dann nehmen widerliche Video-Händler diese Filme in ihre Regale und verleihen sie entweder widerrechtlich an Minderjährige oder legal an widerliche Väter; daß deren Kinder sie alsbald zu finden wissen und zusätzlich den Reiz des Verbotenen genießen, versteht sich von selbst.

Und da wird nun gemetzelt, in Großaufnahme, mit schriller Tonkulisse, in naturgetreuen Farben, unter einprägsamen Titeln wie *Bohrmaschinen-Killer*, *Das Kettensägen-Massaker*, *Das Bambuscamp der gequälten Frauen*, *Der Blutrausch der Zombies* oder schlicht *Nackt und zerfleischt*. Geguckt wird gemeinsam. Und gewonnen hat bei den Kids, wer am längsten zuschauen kann, ohne daß ihm übel wird.

Solche Perversionen der Bilderwelt drücken die neue Wirklichkeit auf jene Ebene hinab, auf der in der alten Realität der Dreißigjährige Krieg stattfand oder der Holocaust. Dergleichen kann ein Volk nicht dulden. So bleibt die Frage: Wie lassen sich die Programmgewaltigen des Fernsehens kontrollieren? Wie lassen sich Horror-Videos verhindern? Und läßt sich die Tatsache, daß Fernsehen unstreitig *wirkt*, vielleicht auch zu einem guten Zweck verwenden?

19. Wer kontrolliert
die Fernsehmacher?

Das Fernsehen hat eine Macht, die größer ist, als es je
in der Geschichte eine Macht gegeben hat», sagte der Philosoph Karl Popper 1993 in einem Interview. Die Fernsehprogramme haben Macht über die Menschen, und die Fernsehgewaltigen sind mit ihrer Macht über die Programme und mit
ihren Milliarden zu zentralen Figuren der Weltpolitik geworden. Wer kann sie kontrollieren?

Schon hat in Italien der Inhaber der Fernsehmacht die
Staatsmacht ergriffen, schon regiert der Australier Rupert
Murdoch über ein Imperium, das via Fernsehsatelliten zwei
Drittel der Menschheit erreichen kann; flankiert von den 60
Millionen Zeitungs- und Zeitschriftenexemplaren, die Mur-
doch wöchentlich erscheinen läßt, von New York bis zu den
Fidschi-Inseln – wobei die Zeitungen zufällig für die Program-
me werben und die Programme für die Zeitungen.

Wir kennen das, ein paar Nummern kleiner, in Deutschland
mit dem Medienriesen Leo Kirch, dem Herrn über SAT 1 mit
verschachtelten Beteiligungen an einem halben Dutzend weiterer Sender und mit einem dominierenden Einfluß auf den
Springer-Konzern; und wie der Zufall so spielt, bekam Kirchs
Duzfreund Helmut Kohl im Jahr vor der Bundestagswahl von
1994 auf SAT 1 eine Art eigenen Sendeplatz. Auf der anderen
Seite kann sich RTL der Unterstützung der Regierung von
Nordrhein-Westfalen und der Beteiligung des Bertelsmann-
Konzerns erfreuen; der wiederum ist Mehrheitsgesellschafter
des Zeitschriften- und Zeitungsriesen Gruner + Jahr.

«Stellen Sie sich nur vor», sagt Karl Popper, «was für eine

Macht das Fernsehen hat, wenn es systematisch ausgenützt wird, zum Beispiel für politische Zwecke!» Im Gange ist das längst; nur sind schlimme Steigerungen vorstellbar. Wohin die Reise gehen könnte, zeigte der amerikanische Fernsehsender ABC 1993 in einer Science-Fiction-Serie namens *Wild Palms*: Der Sender Channel 3 arbeitet mit Holographie und der Scheinwelt der «virtual reality», so daß die Zuschauer Seifenopern so in ihr Wohnzimmer projizieren können, als wären sie mitten im Geschehen.

Senator Kreutzer, Eigner des fiktiven Fernsehsenders Channel 3, ist jedoch ein böser Bube: Er gehört einer faschistisch orientierten Gruppierung an und will, so die schaurige Medienvision, seine Fernsehmacht nutzen, um Präsident der USA zu werden. Mit Hilfe der Sendetechnik kann er den Wählern eine bessere Welt als die wirkliche vorgaukeln. Kreutzers Ziel: die Zuschauer dahin zu bringen, daß sie nicht mehr wissen, was Projektion, was Realität ist – um sie desto wirkungsvoller manipulieren zu können. «Surreales Märchen, New-Age-Saga und halluzinatorische Science-Fiction zugleich; völlig durchgedreht, abgehoben unentwirrbar», so beurteilt der *Stern* die Serie. Aber erschreckend – und vielleicht prophetisch.

Kennen wir die Inhaber der Macht, wie in den Fällen Kirch, Murdoch, Berlusconi, so haben wir immer noch einen gewissen Durchblick. Bei vielen kapitalmächtigen Drahtziehern aber fehlt auch der – uns sowieso, in Deutschland oft jedoch ebenso den Landesmedienanstalten, deren Aufgabe doch die Kontrolle ist.

Auch wenn unsereinem nur Bambi einfällt oder Donald Duck, sind wir in Wahrheit Objekte einer weltumspannenden Vermarktungs-Strategie, bei der es um Milliarden geht. Jedes Jahr kurz vor der Adventszeit wirft der amerikanische Disney-Konzern einen neuen Familienfilm in die Arena – etwa *Die Schöne und das Biest*, *Aladdin* oder *Arielle, die Meerjungfrau*. Schon lange vor dem Kinostart plazieren die Disney-Werber

Filmausschnitte in möglichst jedem Fernsehkanal, in möglichst jeder Kinderstube.

Gleichzeitig stehen Dutzende von Produzenten in den Startlöchern, um schockweise Produkte, die die Helden des jeweiligen neuen Disneyfilms vermarkten, an die Fans zu verramschen. Für den Film *Die Schöne und das Biest* warfen, wie *Focus* vorrechnet, 42 Lizenznehmer der deutschen Disney-Company insgesamt 500 Produkte auf den Markt – darunter so nützliche wie Aufkleber, Gürtelschnallen, Poesiealben, Armbanduhren, T-Shirts, Krabbeldecken und Schlüsselanhänger. Ein großes Modehaus übersetzte die Filmfiguren in eine extra entworfene Textilkollektion, ein amerikanischer Klopsbrater lockte mit exklusiven Plastikfiguren der beiden Helden des Films zum Preis von vier Mark fünfundneunzig. Biest inklusive.

Wer sich also nur unterhalten fühlt, wenn er sich die fernsehgerecht aufbereiteten Ausschnitte aus dem neuesten Disney-Film ansieht, der verkennt die unheimliche Macht des Mediums und die seiner Hintermänner, uns das zu «verkaufen», was wir als schön, richtig und begehrenswert betrachten sollen. Die Einschaltquote regiert: Sie verschafft dem Politiker sein Publikum und dem Werbungtreibenden seinen Markt. Alles, was diesem Zweck dient, ist den Machern recht, nicht zuletzt Sex und Crime; Porno und Horror sind auch nicht schlecht.

So entsteht großenteils ein Programm, das Kinderseelen schädigt und Erwachsenen ein schiefes Weltbild vorgaukelt. 1994 hielt ein Drittel der Amerikaner die Kriminalität für das größte Problem der Vereinigten Staaten, einer Umfrage der *Washington Post* zufolge – und das waren sechsmal so viele wie im Jahr davor. Was hatte diesen fast unglaublichen Umschwung der öffentlichen Meinung bewirkt? CBS, ABC und NBC, die drei großen Fernsehstationen des Landes, hatten in ihren Hauptnachrichten mehr als doppelt so viele Meldungen über Kriminalität in den USA ausgestrahlt wie im Vorjahr; über Morde gab es sogar dreimal so viele Nachrichten.

«Wer in den USA Fernsehnachrichten sieht oder auf Politiker hört, könnte derzeit meinen, in einem Land zunehmender und nahezu allgegenwärtiger Gewalttätigkeiten zu leben», schrieb der *Evangelische Pressedienst.* Dies jedoch widerspricht allen offiziellen Statistiken. Nach Erhebungen des US-Justizministeriums werden seit Anfang der neunziger Jahre sogar weniger Gewaltverbrechen festgestellt als zu Beginn der achtziger. Die jährliche Mordrate etwa schwankt seit über zwanzig Jahren zwischen 7,9 und 10,2 Delikten pro 100 000 Einwohner.

Weder an der Macht des Fernsehens und seiner Macher also läßt sich zweifeln noch daran, daß sie auf weiten Strecken ein dubioses, schäbiges, verderbliches Programm verbreiten. So, wie das Parlament die Regierung kontrolliert und das Verfassungsgericht den Bundestag, wie also die Inhaber der Staatsmacht selbstverständlich einer mehrstufigen Kontrolle unterworfen werden – so muß die Kontrolle für das Fernsehen her; und mit Zensur hätte sie bei vernünftiger Handhabung nichts zu tun.

Der Geschäftsführer der mächtigen *Westdeutschen Allgemeinen,* Erich Schumann, mahnte schon 1983: «Die unbedachte Anwendung von freien Marktmechanismen würde nicht zu einer Verbesserung der Informations- und Meinungsvielfalt führen; zumindest sind die erkennbaren Gefahren so groß, daß ohne ordnungspolitische Überlegungen nicht gehandelt werden kann.» Und die Berliner *Wochenpost* fragte 1993 provokant: «Wenn eine Gesellschaft erkennen würde, daß Fernsehen die heranwachsende Generation verdirbt, die politische Entwicklung verzerrt und ganz allgemein Erziehung und Gemeinsinn verwüstet – ist diese Gesellschaft wirklich unfähig, hier etwas zu tun? Wäre es Zensur, solch verderblichen Einfluß abzuschaffen?»

Wenn Einigkeit herrscht, daß kontrolliert werden muß, stellen sich mehrere Fragen:

1. *Wer* darf und soll kontrollieren?

2. *Wen* oder *was* soll er kontrollieren – nur die Inhaber der Fernsehmacht – nur das Programm – oder beides?

3. Welche Machtmittel stehen den Kontrollinstanzen zur Verfügung?

Um die Antwort vorwegzunehmen: Jede Kontrolle der Fernsehgewaltigen ist besser als keine Kontrolle; sie darf und soll alles kontrollieren; und die Macht liegt vor allem bei uns selber, den Zuschauern.

Die Mittel des Staates sind ja begrenzt. Das deutsche Strafgesetzbuch kennt den § 184, der für die Verbreitung von Gewalt und Pornographie eine Gefängnisstrafe bis zu einem Jahr androht, zumal dann, wenn Bild oder Schrift sich an Personen unter 18 Jahren wenden oder solchen Personen zugänglich sind.

Der damalige Bundespräsident Richard von Weizsäcker gab 1993 aus Sorge um «ethische Minima» eine Studie in Auftrag, die sich mit Angebot und Qualität des Fernsehens in Deutschland beschäftigt. Unter dem Vorsitz des ehemaligen Bundesverfassungsrichters Ernst Gottfried Mahrenholz tagte eine Kommission aus Juristen, Wissenschaftlern und Fernsehmachern. Sie erstellte einen Bericht von 140 Seiten zur Fernseh-Lage der Nation, den Weizsäcker im Februar 1994 erhielt.

Seine Kernaussagen: Erstens habe sich die bisherige «Vielfaltskontrolle» durch die Landesmedienanstalten als wenig wirksam erwiesen. Zweitens sei «die Präsentation von Schreckensbildern überproportional häufig». Die Mitglieder der Weizsäcker-Kommission stellten eine Tendenz zu «Sensationalismus», «Negativismus», «Skandalisierung» und «ritualisierter Politikdarstellung» fest. Zudem führe die Allgegenwart von Gewaltszenen zu Abstumpfung und fördere autoritäre Gesellschaftsvorstellungen. Und schließlich habe auch die politische Glaubwürdigkeit des Mediums deutlich abgenommen, indem es Nachrichten als Show präsentiere.

Die Kommission fordert die Ernennung unabhängiger und mit Kompetenzen ausgestatteter Beiräte, die die publizistische

Vielfalt und Qualität kontrollieren und durchsetzen sollen. Zudem legt die Kommission die Gründung einer «Stiftung Medientest» nahe; nach dem Vorbild der Stiftung Warentest könnte sie Programme beurteilen und ihre Bewertungen den Zuschauern in Form einer eigenen Zeitschrift bekanntgeben. Eine solche Stiftung wäre zudem eine ideale Anlaufstelle für Zuschauerbeschwerden.

Das sind Absichtserklärungen, ebenso noble wie vernünftige; ob und wann was aus ihnen folgt, ist offen. In England entfachte 1993 ein Verbrechen die Diskussion um besseren Schutz vor Gewalt in den Medien: der Tod des kleinen James Bulgur, der von zwei Elfjährigen in Liverpool auf bestialische Weise umgebracht worden war – hatte doch der Vater eines der Täter Horror-Videos im Hause gehabt, die ähnliche Martern zeigten, wie die beiden Elfjährigen sie an ihrem Opfer praktizierten. 220 Abgeordnete quer durch alle Parteien unterschrieben schließlich einen Gesetzentwurf, der vorsieht, aus den Verleihshops alle Videos zu verbannen, die geeignet sind, psychischen Schaden bei Kindern anzurichten. Videoverleiher, die nicht-jugendfreie Filme an Kinder verleihen, sollen künftig empfindlich bestraft werden – mit bis zu zwei Jahren Haft.

Der amerikanische Kongreß drohte 1993 den Fernsehstationen damit, die Gewalt per Gesetz vom Bildschirm zu vertreiben, falls sie sich nicht auf eine freiwillige Selbstbeschränkung einigten.

In Deutschland gibt es seit 1949 die «Freiwillige Selbstkontrolle der Filmwirtschaft». Ihren Hauptausschuß bilden neben Film-Delegierten solche des Bundesinnenministeriums, der Kultusministerien der Länder, der Kirchen und des Bundesjugendrings. Ihre Maßstäbe und ihre Entscheidungen waren oft umstritten, aber niemand wünscht sich in die Zeit davor zurück.

Nach diesem Muster gründeten acht private Fernsehsender 1993 den Verein «Freiwillige Selbstkontrolle Fernsehen», mit dem Ziel, «die Darstellung von Gewalt und Sexualität derart zu begrenzen, daß Kinder und Jugendliche in ihrer seelischen, moralischen und geistigen Entwicklung nicht beeinträchtigt werden». Daß dieses Kontrollorgan durchaus kein zahnloser Tiger ist, bewies es schon in den ersten Wochen seines Bestehens: Bei 90 überprüften Sendungen wurde den Anträgen der Sender auf Ausstrahlung in 20 Fällen nicht entsprochen. Erst nach Schnitten oder der Zusage, die Filme später am Abend auszustrahlen, erteilte die FSF ihr Plazet.

So wurden wenigstens die übelsten Ballerszenen aus dem Vorabendprogramm gekippt. Auch das öffentlich-rechtliche Fernsehen scheint kalte Füße zu bekommen: Dieter Stolte, der ZDF-Intendant, warnt mittlerweile davor, eine «immer dickere Sau» durchs Dorf zu treiben, «um Aufmerksamkeit zu erzielen».

Die Fernsehmacher haben damit auf die öffentliche Meinung sensibel reagiert – womit wir bei der wirksamsten, der einzigen wirklich wirksamen Kontrolle wären, die sich über das Fernsehen ausüben läßt: der durch die Zuschauer. Die Staatsgewalt pflegt sich ja zäh in Marsch zu setzen, die Weizsäcker-Kommission hat sich auf Empfehlungen beschränken müssen; RTL unterlief die deutschen Gesetze, indem es vor der Zulassung des Privatfernsehens von Luxemburg aus nach Deutschland funkte; und die dramatisch wachsende Zahl der Satellitenprogramme zu kontrollieren, ist technisch und juristisch gar nicht möglich – wie sich 1993 im Streit um den Porno-Kanal erwies, den die Lustexpertin Teresa Orlowski im Äther installieren wollte.

Was aber können die Zuschauer tun? Einerseits können sie zugunsten ihrer Kinder zur technischen Selbsthilfe greifen. So schlug der amerikanische Kongreßabgeordnete Edward Markey 1993 mit lebhaftem Echo vor, die Gerätehersteller sollten einen Chip einbauen, der es Eltern ermöglicht, unerwünschte Programme automatisch auszublenden – technisch kein Problem. «Wenn nur zehn Prozent der Haushalte Gewaltsendungen blockierten, wäre die Nachricht an die Fernsehstationen eindeutig», sagte Markey dazu.

Eine größere Macht aber hat der Zuschauer durch das alte Druckmittel des Boykotts. Er ist in zwei Formen möglich: Entweder zappen wir uns aus dem unerwünschten Programm und senken damit die Einschaltquote – also die Chancen des Senders, mit Werbespots Geld zu verdienen. Oder, und das hat sich als der noch wirksamere Weg erwiesen: Der Zuschauer boykottiert die Waren, für die in Gewalt- und Sexfilmen geworben wird, direkt und ohne Umweg über die Einschaltquote – er kauft sie einfach nicht mehr.

Dazu muß er freilich wissen, um welche Produkte es sich handelt. Das erfährt er entweder durch Eltern-Initiativen und Verbraucherschutzverbände – oder durch eigenen Augenschein: Er muß sich also die Betrachtung von Sexfilmen zumuten und seine schuldige Empörung auf die Marken übertragen, die sich nicht genieren, in diesem schmuddligen Umfeld zu werben.

Spürt der Hersteller den Mißerfolg, so verlangt er andere Plätze für seine Werbespots, oder er zieht sie zurück. Damit tötet er die Sendung, so oder so. Er erzwingt also entweder ein besseres Programm – ein Erfolg für den Zuschauer in seinem Multimedia-Zentrum. Oder, falls das Programm nicht besser wird, kann der Hersteller weniger verkaufen, wird also weniger produzieren – ein Erfolg für die Umwelt.

So teilt mittlerweile auch die Industrie das Unbehagen an der erbärmlichen Qualität mancher Fernsehprogramme. In Fachkreisen berühmt wurde die Werbeschlappe eines Suppen-Produzenten: 1992 warb er im Abendprogramm eines Privatsenders, der den Teufelsaustreibungsfilm *The Exorcist* zum besten gab. Unglücklicherweise begann jedoch der Werbeblock genau an jener Stelle, wo die Hauptdarstellerin des Horror-Streifens sich in unappetitlichster Verfassung präsentierte: Sie sah keineswegs so aus, als würde sie etwas essen mögen – im Gegenteil!

Einem Damenbinden-Hersteller wiederum kann nichts peinlicher sein, als sein Produkt im Umfeld eines Dracula-

Films beworben zu sehen. Kurz und bündig beschreibt Ursula Nachtsheim, Leiterin der Hauptabteilung Werbung beim Lebensmittelgroßhersteller Maggi in Frankfurt, die Firmen-Richtlinien für Programm-Umgebung: «Keine Gewalt, keine Reality-Shows und keine Pornos.»

Den Fernsehmachern würde es nichts schaden – und das Klima in der Gesellschaft würde es wesentlich verbessern –, wenn sie parallel zur kaufmännischen Not ein wenig ethische Einsicht entwickelten. Entweder mit dem Papst im Bunde: Er forderte 1994, daß «die Rechte von einzelnen, von Familien und der Gesellschaft auf eine Privatsphäre, auf öffentlichen Anstand und den Schutz der Grundwerte unbedingt geachtet werden müssen». Der Fernsehindustrie redete er ins Gewissen, einen Moralkodex zu entwickeln, der menschliche und religiöse Werte stütze und das Familienleben fördere.

Oder die Programmgewaltigen könnten sich an Karl Popper halten. Der schlug in seinem Interview von 1993 vor, eine Selbstkontrolle auf höherem Niveau als dem der Filmwirtschaft zu installieren – mit einem Ehrenkodex nämlich, wie ihn die Ärzte haben: «Man wird zugelassen, wenn man einen Eid oder ein Versprechen gibt, daß man sich klar darüber ist, daß man für die Zivilisation arbeiten muß.»

Ein hippokratischer Eid für Medienmacher? Warum nicht! Das sollte die neue Wirklichkeit uns wert sein. Der herkömmlichen Wirklichkeit wäre sie dann vollends überlegen: Denn daß die durchaus nicht von Leuten regiert wird, die hippokratische Eide schwören und beherzigen, erfahren wir schmerzlich Tag für Tag.

20. Und was wollen wir sehen?

Gelänge es also, die Fernsehmacher politisch, juristisch, moralisch unter Druck zu setzen – oder ihnen bei der Entwicklung von ein bißchen Anstand und Einsicht behilflich zu sein – oder sie durch Kaufverweigerung in die Knie zu zwingen: Welche Art von Programmen erwarten wir dann von ihnen? Falls die unglaubliche Macht des Fernsehens sich zum Guten wenden ließe – wie sähe das Gute aus? Dreierlei vor allem sollte sich ändern:

1. *Wir wollen keinen unappetitlichen Sex mehr sehen.* Nichts spricht dagegen, daß zwei sich küssen, mit bloßen Schultern nebeneinander liegen oder sich auch einmal Hemd und Bluse zerreißen, wenn sie's denn eilig haben. Aber da werden wir mit minutenlangen Zungenküssen in Großaufnahme konfrontiert, die die Neugier eines Kieferchirurgen befriedigen könnten, oder von einem Lustgestöhne heimgesucht, das Hunde zum Bellen bringt. Und die Sexfilme am Freitagabend unterscheiden sich vom nackten Porno oft nur noch dadurch, daß der Held in letzter Sekunde einen Hemdzipfel über sein primäres Geschlechtsmerkmal zerrt.

Das Fernsehjahr 1993 versah der *Spiegel* mit dem Resümee: «Geschäftstüchtige Volksaufklärer entschleierten die letzten Mythen des Unterleibs und durchwühlten den Sexualstandort Deutschland.» Es gibt eine Mitte zwischen viktorianischer Prüderie und einer spätrömischen Massenorgie mit Detailaufnahmen, und in diese Mitte sollten wir die Fernsehmacher drängen.

2. *Kein Horror mehr und dramatisch weniger Gewalt in*

Filmen und Serien. Weg mit den Baller-Arien, Prügel-Szenarios und lustvoll ausgereizten Folterszenen – weg mit der Inflation der Gewalt, «ihrer Verherrlichung und ihrer Verharmlosung», wie die Zeitschrift *Eltern* fordert. Das bedeutet nicht, daß auf die Darstellung von Gewalt total verzichtet werden müßte: Auch die alte Wirklichkeit ist ja voll von ihr, und wenn wir schon so beschaffen sind, daß ein Krimi ohne Leiche uns nur das halbe Vergnügen macht, so wäre es weltfremd, jeden Mord vom Bildschirm zu verbannen.

Aber hier bietet sich schon das erste von drei Kriterien an, nach denen die Gewalt sich zügeln ließe: die Menge der angebotenen Leichen. Das klingt banal und wäre doch ein klarer Fortschritt: Ein Mord, aus Verzweiflung oder Eifersucht begangen, stumpft unsere Sinne nicht so ab und stülpt unsere Sitten nicht so um wie ein Rambo, der mal eben siebzehn Mitmenschen durchlöchert.

Natürlich muß man sich hier den Einwand gefallen lassen, daß die Mordfreudigkeit zum klassischen Drama gehört und zumal Shakespeare sich darin nicht so leicht übertrumpfen läßt: Hamlet zum Beispiel bringt seine Mutter, seinen Onkel, den Oberkämmerer Polonius und dessen Sohn Laertes um, und dessen Schwester Ophelia treibt er in den Wahnsinn und ins Wasser, bevor sein Duell mit Laertes auch ihn selbst ins Jenseits befördert. In der Schlußszene haben die wenigen Überlebenden Mühe, die vielen Leichen wegzutragen. Nur ist das eben von Shakespeare (und nicht von Thoma oder Kirch), also um einiges besser begründet als Schwarzeneggers Ballerei, überdies Zwölfjährigen schwer zugänglich und vor allem frei von bluttriefenden Großaufnahmen.

Kurz: Es hätte Vernunft und wäre mit Hilfe schlichter Zählung durchsetzbar, den Fernsehmachern mehr als ein bestimmtes Quantum Leichen pro Zeiteinheit zu untersagen, zum Beispiel mehr als zwei pro Stunde.

Ein zweiter möglicher Damm gegen die Flut der Gewalt: In das Ermessen einer Jury, ähnlich der bewährten Bundesprüfstelle für jugendgefährdende Schriften, wäre zu stellen, wie oft, wie lange und wie deutlich Leichen, Prügeleien, Blut und Folter auf den Bildschirm dürfen – auf jeden Fall viel weniger als heute.

Ein drittes Kriterium bietet sich bei der Art des Mordens an. Wie, wenn man, ebenfalls durch eine Jury, diejenigen Methoden dingfest machen würde, die besonders sinnlos, besonders brutal oder besonders nachahmungsfreundlich zeigen, wie man Menschen killt? Wer ohne halbwegs plausiblen Grund fremde Leute abknallt, könnte mit einem Blackout auf dem Bildschirm nicht unter drei Minuten bestraft werden. Denn solch wahlloses Meucheln dürfen wir für viel verderblicher halten, als wenn das Drehbuch dem Mörder ein zwar dubioses, aber vertrautes Motiv zubilligt. Fast alle wirklichen Tötungs-Taten nämlich sind sogenannte Beziehungsdelikte: Täter und Opfer kennen sich, sind zudem oft durch Haß oder Eifersucht aneinandergekettet.

Solange solche Qualitätsnormen nicht in Sicht sind, behelfen sich zumindest die amerikanischen Medienmacher mit Warnungen, ähnlich den Hinweisen auf Zigarettenschachteln und Beipackzetteln. Vor jeder Sendung, die Gewalttätiges enthält, prangt auf der Mattscheibe seit neuestem der Warnhinweis: «Due to some violent content parental discretion advised» (Wegen einiger gewalttätiger Inhalte elterlichem Ermessen anheimgestellt) – in einer akademisch gespreizten Sprache also, die schlichten Gemütern nicht gerade unter die Haut geht; und so war das ja wohl gedacht. So vermag die *New York Times* in der schlappen Mahnung auch nur «einen Klaps auf die Finger der Sender» zu entdecken. Friedrich Nowottny, Intendant des WDR, hält das Warn-Experiment schlicht für «abwegig»: «Ich fürchte, die Networks werden zukünftig dann noch ungehemmter Gewalt ausstrahlen und sich auf die Kennzeichnung herausreden können.»

3. *Weniger Gewalt in aktuellen Sendungen.* Anders als bei Filmen und Serien reden sich die Fernsehmacher für ihre Nach-

richtenprogramme gern darauf hinaus, daß erstens die Welt eben voll Gewalt sei und zweitens jeder, aber auch jeder Zuschauer einen einzigen Flugzeugabsturz interessanter finde als siebentausend sichere Landungen.

Das ist zwar richtig, doch nur die Hälfte der Wahrheit. Natürlich kann und soll das Fernsehen nicht so tun, als gäbe es keine Bürgerkriege, Krawalle, Kindsentführungen und Vulkanausbrüche. Doch auf zweierlei Weise ließe sich unser aller Katastrophenliebe durchaus in humane Bahnen lenken: erstens, indem Blut und Leid nur halb so lang und halb so überdeutlich auf den Bildschirm kämen wie heute bei vielen Sendern üblich; zweitens, indem das Fernsehen mehr normale Welt dagegensetzte. (Am Schluß dieses Kapitels mehr darüber.)

Das waren drei Forderungen an die Fernsehmacher, was vor allem sie *unterlassen* sollten. Und was sollten sie *tun*? Auf zwei Feldern könnten sie im wesentlichen weitermachen wie bisher, natürlich ständig auf der Suche nach höherer Qualität: beim Sport – und bei aller Unterhaltung, die Spaß macht, Kino, Serie, Gefühlsfernsehen, Quiz und «Wetten daß . . .», unter der Voraussetzung, daß Gewalt und Sex dabei innerhalb der oben bezeichneten Grenzen bleiben.

Einen völlig neuen Anlauf dagegen müßte das Fernsehen unternehmen, wenn es uns das Reisen abgewöhnen wollte, indem es uns zur Weltumrundung nur auf dem Bildschirm verführt. Was da bisher geschieht, ist erschreckend phantasielos und verkennt total die unglaubliche Doppel-Chance, dem Zuschauer die Strapazen des Reisens und dem Planeten Erde die touristische Verwüstung zu ersparen. Was wird uns denn geboten?

Erstens Quiz-Sendungen mit eingeblendeten Werbefilmen über pausenlos durchsonnte Traumlandschaften, wobei dem Sieger eine Reise dorthin winkt; ein törichtes Verharren also in einer vorgestrigen Reise-Gläubigkeit – als ob es nicht auf das Gegenteil ankäme!

Zweitens in 3SAT allmorgendlich ruhige Gebirgslandschaften, oft mit echtem Regen; sehr nützlich also, weil es manchen Reiseplan entmutigt, aber für die entgangene Reise natürlich kein Ersatz.

Drittens die öffentlich-rechtlichen Grübelstücke über die vielfältige Not in fernen Ländern, über Armut, Ausbeutung, Terror und Cholera. Solche Filmbeiträge sind durchaus wertvoll und sollen ja bleiben – aber an unseren Urlaub stellen wir andere Ansprüche, wenn wir die Welt im Wohnzimmer erleben wollen: Zur Cholera reisen wir natürlich nie, und ob wir die Einheimischen ausbeuten, die uns am Südseestrand bedienen, ist uns in unserer Ferienstimmung verhältnismäßig egal. Auch würde die Ausbeutung ja sogleich unterbleiben, wenn wir jene Bilder zu sehen bekämen, die uns die Reise zu den Ausgebeuteten ersparten.

Das vierte typische Reiseangebot des herkömmlichen Fernsehens schließlich besteht darin, daß wir einen Prominenten auf seiner Reise begleiten dürfen, zum Beispiel Hardy Krüger mit seinem großen Talent, uns etwa den Grand Canyon so zu erklären, daß viele gar nicht mehr entscheiden können, ob ihnen der Canyon oder der Krüger besser gefällt. Nur gibt es eben noch mehr Zuschauer, die sich niemals Hardy Krüger zum Reisekumpel wählen würden, nicht in der alten und nicht in der neuen Wirklichkeit.

Also, ihr Fernsehmacher: Denkt euch Schauplätze, Kamerafahrten, Sendeformen aus, die unser aller Reiselust daheim befriedigen! Laßt uns fahren, fliegen, schwimmen, klettern mit der perfekten Illusion des Selbstdortseins und Selbermachens! Laßt uns schauen, staunen, schlemmen und uns an weißen Stränden suhlen. Inszeniert für uns Reiserouten und Tagesabläufe, bietet uns Rundflüge, Fallschirmsprünge und Haifischjagden – und dies immer so, als ob die Kamera unser eigenes Auge wäre!

Die Menschen, die wir dabei sehen, ob Einheimische oder unsere möglichen Begleiter, sollten natürlich reinlich, freundlich und sympathisch sein. Doch auch kleine Widrigkeiten dürftet ihr einstreuen, überfüllte Bergbahnen oder unverschämte Kellner beispielsweise – damit uns zum Augenschmaus der zusätzliche Genuß geliefert wird, uns die Nachtseiten der alten Wirklichkeit erspart zu haben.

Neu nachdenken wie über das künftige Reiseerlebnis auf dem heimischen Fernsehschirm sollten die Macher schließlich darüber, wie sie in ihren Informationssendungen die alte Wirklichkeit abbilden – nämlich nicht so unsinnig verzerrt, wie dies heute oft geschieht, einseitig zugespitzt auf das jeweils Dramatische, Katastrophische und Monströse.

Um mit einem harmlosen Beispiel zu beginnen: Wenn im Englischen Garten, Münchens größtem Park, einige unerschrockene Selbstdarsteller ihre Genitalien dem Ozonloch unbedeckt entgegenrecken, dann mag das erstens von Unkenntnis gegenüber den Wirkungen aggressiver Ultraviolettstrahlung zeugen und zweitens ein Mosaikstein im Sittenbild von München sein, wo die «Nackerten» nie mehr als eine müde Provokation der bayerischen Liberalität zustande brachten. Aber drittens heißt das vor allem: Niemals können die Münchner Sonnenanbeter ein Abbild aller in Deutschland zum Bräunen in öffentliche Parks ausgezogener Bürger darstellen. Denn von denen denken nicht einmal Bruchteile daran, sich über aufgekrempelte Hemdsärmel hinaus zu entblößen.

Ein anderes Beispiel für Desinformation durch einseitige Zuspitzung bieten unsere täglichen Fernsehnachrichten. Traurig derjenige Mensch, der darauf angewiesen wäre, sein Bild von der Welt da draußen aus jenen Schnipseln zu destillieren, die ihm *Tagesschau* oder *Heute* ins Heim senden. Es steht zu fürchten, daß die bisher üblichen Nachrichtensendungen dem kindlichen oder sonstwie weltunerfahrenen Medienkonsumenten vor allem drei Fakten über die Realität vermitteln: Erstens besteht die Welt da draußen aus lauter Männern in zumeist dunklen Anzügen, die von irgendwoher kommen, aus gepanzerten Limousinen steigen und bedeutend dreinschauen;

zweitens aus einer Reihe weiterer, den schon genannten ähnlichen Gesellen, die angesichts gleißender Blitzlichter und vor ihrem Gesicht zusammengedrängter Mikrofone reflexartig den Mund aufreißen und «von etwas ausgehen», etwas «mit tiefster Überzeugung bekräftigen», fordern oder dementieren. Den Rest der Realität schließlich bestreiten Feuersbrünste, Überschwemmungen und Massenmord.

Ja, dieser Rest ist ergiebiger als jeder Normalzustand, und keinesfalls wünschen wir uns, nur glückliche Menschen zu sehen, wie das in den Nazi-Wochenschauen und den sogenannten Informationssendungen des DDR-Fernsehens üblich war. Aber *auch* ein paar Menschen, die zufrieden sind oder wenigstens ein bißchen normal? Müßte denn eine *Tagesschau* langweilig werden, wenn sie jeweils drei Minuten ein schmukkes, pfiffiges Porträt eines Berufsstandes, einer Metropole in Ostasien, einer Hacienda in Mexiko enthielte? Ganz wollen wir die alte Wirklichkeit schließlich nicht aus den Augen verlieren, wenn wir uns nun der neuen zuwenden, und *alles* in der alten Wirklichkeit ist eben nicht beschissen.

In seinen Sternstunden bietet das Fernsehen uns eine Verschränkung der beiden Wirklichkeiten, in der es seine Überlegenheit beweist. Da fanden also 1960 die berühmten Fernsehduelle zwischen Kennedy und Nixon statt. Sie machten den jungen Senkrechtstarter Kennedy im Nu so bekannt, wie Richard Nixon es in seinen acht Jahren als Vizepräsident unter Eisenhower geworden war. Aber das hätte noch nicht zu dem knappen Sieg Kennedys gereicht. Den brachte ihm, der Theorie des amerikanischen Schriftstellers John Steinbeck zufolge, der Umstand, daß er blond und ausdrucksarm in Amerikas Wohnzimmer trat – wie der Held im Western, sagt Steinbeck; während Nixon schwarzhaarig war und eine lebhafte Mimik hatte – wie im Western der Schurke.

Steinbeck wollte das als Spott auf die schreckliche Oberflächlichkeit des Mediums verstanden wissen. Aber ist nicht Kennedy als Lichtgestalt in die Geschichte eingegangen – und

Nixon 1974 als der erste Präsident der USA, der sich schmählich aus dem Amt jagen lassen mußte? Er *war* der Schurke, und das Fernsehen hatte es schon vierzehn Jahre zuvor ans Licht gebracht. Solche Programme wollen wir sehen.

Die schöne
neue Welt

21. Ein Tag im Leben
der Familie Stubenhocker

Wie aber wird die schöne neue Medienwelt wirklich aussehen? Wie wird der Stubenhocker seine Tage und Nächte verbringen, welcher Tagesablauf wird an die Stelle von Büroarbeit, Ausflug und Reise treten?

Visionen über die Nesthocker-Zukunft haben Konjunktur. Nicht nur Trendforscher wie Faith Popcorn, die das «Cocooning» als Lebensform der Zukunft ausmacht – auch populäre Publikationen wie *Brigitte, Die Woche* oder *Marie Claire* konfrontieren ihre Leser mit Einblicken in das High-Tech-Leben der Zukunft – sei es aus der Sicht der Computertechnik und der neuen Datenautobahnen, sei es, um die Entwicklung von Lifestyle, Gesundheit oder Kosmetik auszuloten. Diesen Visionen liegt die gemeinsame Erkenntnis zugrunde: Der Mensch der Zukunft arbeitet in aller Welt, reist zur Erholung in die entlegensten Winkel, diskutiert heute mit einem Kollegen in Johannesburg und morgen mit einem anderen in Jerusalem – und setzt dennoch keinen Fuß vor die Tür.

So erfreulich all diese Prognosen sind – ein Manko haben sie doch: viel zuwenig Phantasie. Die Multimedia-Welt entwickelt sich in einem Tempo, mit dem auch mutige Zukunftsprojektionen kaum Schritt halten können. Mut ist zuwenig; wer nicht hinterherlaufen will, muß es mit Verwegenheit versuchen. Versuchen wir's also.

Schon das Aufwachen am Morgen ist dank Computerhilfe kein mühsames Aufrappeln aus dem Tiefschlaf mehr, sondern der erfreuliche Start in einen multimedialen Erlebnistag. Leise erklingt für den Vater seine Lieblingsmusik (von Glenn Miller zum Beispiel) aus dem Duftwecker, der neben seinem anatomisch geformten Bett steht und den Duft von Eukalyptus verbreitet. Eine angenehme Stimme begrüßt ihn zudem mit den wichtigsten Informationen: Tag, Uhrzeit, Wetterlage, UV-Strahlenbericht und, je nachdem, welche seiner zusätzlichen Interessen er am Abend zuvor einprogrammiert hat, mit einem Auszug der wichtigsten Börsenkurse, Sportergebnisse oder der letzten politischen Entscheidungen der russischen Regierung.

Frau Stubenhocker mag Chopin – die Kinder lassen sich von einer Tekkno-Band aus den Federn wummern. Längst hat der Zentralcomputer die Raumtemperatur angehoben und die Frühstücksvorbereitungen in der Küche anlaufen lassen: In der Kaffemaschine brodelt das Wasser, im Backofen blähen sich die Frühstückssemmeln.

Die Mutter begibt sich derweil ins Bad. Da sie gestern zwei Stunden im Garten war, unterzieht sie sich vorsorglich einem Hautcheck unter der Dusche: Bevor das warme Wasser rinnt, tasten Sensoren die Haut nach eventuellen Veränderungen durch verschärfte UV-Strahlen ab. Gleichzeitig analysiert ein Sensor, der über ihre Haut fährt, den aktuellen Status und Bedarf an Pflegemitteln; die setzt der Mischcomputer selbständig dem Duschwasser zu.

Der Vater will sich vor dem Duschen erst ein wenig trimmen. Dazu wandert er ins Cyber-Sportcenter der Wohnanlage, eine Flucht von Räumen und Pools, in denen ihn eine ausgeklügelte 3-D-Optik mit Spezial-Sound und Duftwerfern erwartet. Er zögert noch: Eine Ski-Abfahrt inklusive Kunstschnee-Flocken, die von der Decke rieseln, auf der sich gewaltige Schneewolken türmen – oder lieber ein Paragliding-Flug vom Tegelberg über Neuschwanstein? Sogar die Böen, die den Schein-Flieger dabei schütteln, wirken wie echt. Und das Kunst-Schloß Neuschwanstein übertrifft sowieso die Schönheit sämtlicher echten Schlösser des Planeten.

Also den Computer programmiert und in den Skidreß geschlüpft. Längst sind die lästigen Daten-Handschuhe und

3-D-Brillen im Computermuseum gelandet: Das Eintauchen in die Cyber-Welt geschieht mit Hilfe von Bewegungssensoren, die mit Infrarotlicht jede Reaktion des Körpers, fürs Auge unsichtbar, erfassen und an den Computer weitergeben.

Verbessert hat sich auch die Technik, mittels Gehirnströmen Befehle auszusprechen. Dank empfindlicher Meßgeräte kann der Cyber-Nutzer allein durch Konzentration auf einen Gedanken die Reaktion der Maschine beeinflussen: Sie ermittelt anhand der Kombination und Intensität der Gehirnströme, was der Cyber-Reisende will; noch ein bißchen ungenau, um ehrlich zu sein.

Die verbale Verständigung dagegen klappt vorzüglich. Längst ist die Maschine sprachgewandt geworden, weiß Stimmen und Wörter zu unterscheiden und die treffende Antwort zu geben. Dementsprechend muß der Frühsportler nur artikulieren, was er sich gerade wünscht: Genug des Skifahrens – jetzt ein Waldlauf am Tegernsee. In Bruchteilen von Sekunden fieselt der Cyber-Computer das Landschaftsarchiv durch und lädt die Daten-Disc mit den entsprechenden Informationen. Kurz darauf findet sich der Läufer am Ufer zwischen Bad Wiessee und Rottach-Egern wieder. Links von ihm plätschern die Wellen des Sees, vor ihm breitet sich die Uferpromenade von Rottach aus, im Hintergrund grüßt ihn der mächtige Klotz des Wallbergs, und über allem spannt sich der bayerische Himmel, weiß und blau.

Das Laufband für den Heimjogger paßt sich natürlich der Härteempfindung eines Wanderweges an, auch der Klang der Schritte richtet sich danach. Aus den Wanddüsen fächelt dem Morgenläufer eine sanfte Brise entgegen, die den Duft von Morgennebel und Fichtennadeln transportiert. Hin und wieder schreit eine Möwe. Sonst bleibt es ruhig; in der perfekten Illusion ist ja ein Element der alten Wirklichkeit getilgt: Es gibt keinen Autolärm.

Während der Vater Frühsport treibt, zieht der 14jährige Sohn es vor, sich die neuesten Sportnachrichten heranzuholen.

Der Hauscomputer kennt die Vorlieben aller Familienmitglieder und schnitzt jedem die individuelle Morgenzeitung: Aus dem Nachrichtenpool, der via Datenautobahn ins Haus gelangt, filtert der Computer die entsprechenden Meldungen aus; auf Wunsch wird die Zeitung auch gedruckt.

Die Tochter, 16 und verliebt, hat schon eine Video-Session mit ihrem Schwarm aus Frankreich hinter sich, bei einer Computer-Plauderei im sogenannten «Offenen Stündchen», einer weltweiten Kommunikationsrunde, in die jeder Interessierte sich einklinken kann. Nun ist das Frühstück fertig. Die Familie pflegt, wie die meisten in der neuen Medienwelt, das Gespräch: Die Überfülle der täglich neuen Erfahrungen und Entdeckungen will ja beredet sein, und stolz berichten die Kinder von ihren jüngsten Tricks beim Ausreizen der elektronischen Möglichkeiten.

Nach dem Frühstück geht der Sohn in sein Schul-Center. Dort ist er via Multimedia-Maschine ans Klassenzimmer angeschlossen, in dem Lehrer und Mitschüler schon warten – heute on line, da es um eine verzwickte Mathe-Prüfung geht, bei der nicht geschummelt werden darf. Sogar den Geruch des Schweißes, der von der zweiten Aufgabe an auf die Stirnen tritt, überträgt die Technik zu den anderen Teilnehmern der Schulstunde. Die sitzen über Deutschland verstreut und kennen sich dennoch so gut, als hockten sie in einem Klassenzimmer.

Natürlich gibt es auch Klassentreffen per Video-Schaltung. Dafür gilt eine strikte Regel: Elektronische Verkleidungen, die etwa einen Hänfling per Computer-Illusion zum Muskelmann aufblasen, sind verboten; Schüler und Lehrer treffen sich exakt so, wie sie auch in der alten Wirklichkeit aussehen, zum Beispiel am Frühstückstisch. Diese Vorschrift soll dafür sorgen, daß die sozialen Kontakte nicht unter einem Wust elektronischer Maskeraden untergehen.

Der Vater hat sich inzwischen an seinen Nebenerwerb begeben. Sein Job: Stundenweise überwacht er die Lagerhaltung eines Medikamentenherstellers in der vierzig Kilometer entfernten Kreisstadt. Per Datenübertragung kriegt er den aktuellen Lagerbestand jeglicher Chemikalie auf Bildschirm und Drucker in die Wohnung geschickt; und wenn er einzelne Posten kontrollieren will, wandert er per Cyber-Spaziergang durch die Regalreihen. Alle halbe Jahre schaut er mal in persona nach. Nicht, daß das nötig wäre – nur der Abwechslung wegen.

Schon vor Jahren hatte der Vater jeder geregelten Erwerbstätigkeit entsagt und mit Freude das Angebot der *Televerrentung* angenommen. Voraussetzung war, daß er sein Auto abschaffte und sich zudem verpflichtete, keins mehr zu kaufen. Dafür spendierte ihm die *Tele-Treuhand*, so der volkstümliche Name für das vor einigen Jahren gegründete *Ministerium zur Verminderung von Mobilität und Konsum*, die elektronische Ausrüstung. Seitdem surft er begeistert durch die digitalen Welten: Sei es in Cyber-Spaziergängen, beim weltweiten Mensch-Ärgere-Dich-Nicht-Turnier oder auch bei durchaus ernsthaften Diskussionen mit Freunden in Schottland oder Chile, die sich, so wie er, beim Briefmarkensammeln auf die Sondermarken spezialisiert haben, die 1932 bis 1935 während des Gran-Chaco-Kriegs zwischen Paraguay und Bolivien anfielen.

Jeden Morgen findet er dementsprechend eine Menge elektronischer Post auf seinem Schreibtisch vor, die er mal liest, mal hört, mal betrachtet, alles das ist ja möglich. Danach entscheidet er, wen von seinen Korrespondenzpartnern er zuerst anwählt, um einen Cyber-Plausch mit ihnen zu verabreden – heute vielleicht auf der Akropolis?

Die Mutter hat sich unterdessen im Cyber-Raum zur Brokerin gewandelt: Per elektronischem Kleiderschrank hat sie den gemütlichen Baumwoll-Overall gegen ein fesches dunkelblaues Busineß-Kleid getauscht und sich hautnah ins virtuelle Gedränge an der New Yorker Wallstreet geklinkt. Um sie herum erklingen Kauf- und Verkaufs-Orders, Papierfetzen trudeln zu Boden, Handys piepen, Computerschirme malen verworrene Kursberge und -täler in Rot und Grün.

In dieser Atmosphäre fühlt sie sich wohl – ein gigantisches Monopoly, das ihren Spieltrieb kitzelt. Doch sie ist nicht zum Spielen hier. Sie hat das Makeln an der Börse von der Pike auf gelernt und vermehrt seit über fünfzehn Jahren im Auftrag einer namhaften Bank die Gelder ihrer Anleger – immer mitten im Geschehen an allen großen Börsen der Welt, dank der Segnungen der Cyber-Technik dennoch immer von zu Hause aus. Vor einigen Tagen hat sie sich auf ein riskantes Warentermingeschäft eingelassen; heute soll sich zeigen, ob sich das Risiko gelohnt hat.

Es ist kurz vor dem offiziellen Börsenschluß; immer hektischer tönen die Orders der Händler, immer verworrener erscheint dem Uneingeweihten das Treiben der Businessmen, von denen einige mittlerweile neben Jacke und korrekt sitzendem Krawattenknoten auch die Fassung zu verlieren drohen. Da kommen die letzten Kurse aus Tokio – Donnerwetter, einen sagenhaften Brocken hat sie mit ihrem Geschäft eingesackt; gute 70 Millionen WCU (= World Current Unit) kann sie auf ihrem Depotkonto als Plus verbuchen.

Nachdem sie ein paar neidische, ein paar bewundernde und ein paar ehrliche Glückwünsche ihrer Börsenkollegen per Cyber-Handschlag und -Schulterklopfen eingesammelt hat, kehrt die Mutter befriedigt aus der VR in ihr Heim zurück. Ihren Mann überrascht sie an seinem Computer-Terminal zur Feier des Geschäfts mit einem Schluck Veuve Cliquot.

Der Sohn zieht sich nach dem Mittagessen zu einer Abenteuerreise zurück, die er gemeinsam mit zwei Kumpels aus New York und Toronto unternehmen will. Sie haben das Programm *Nordwestpassage* ausgewählt und sich entschlossen, auf einem Eisbrecher den gefährlichen Seetrip zu wagen – von ihren jeweiligen Cyberspace-Stationen aus, versteht sich. Allerdings ist die Illusion so echt, daß der Junior nach vier faszinierenden Stunden erschöpft und von Eiswind ausgekühlt von seiner Reise zurückkehrt. Ergebnis: ein handfester

Schnupfen. Beim nächstenmal wird er eine wattierte Jacke mitnehmen müssen.

Mutter und Vater haben in der Zwischenzeit gemeinsam eingekauft, per Teleshopping. Dabei haben sie Soßenflaschen aufgedreht und den Duft der Würze geschnuppert, Tomaten begutachtet und den neuen Trainingsanzug für den Vater anprobiert. Er paßt. Geliefert wird er innerhalb der nächsten 24 Stunden. Bezahlt ist er auch schon: Gleich bei der Bestellung per Computerbefehl wurde der Rechnungsbetrag vom Familienkonto eingezogen. So wickeln die Stubenhockers mittlerweile alle Bankgeschäfte ab.

Selbst die Medizin hat sich der Vorzüge des Multimedia-Terminals bemächtigt. Die Behandlung kleinerer Krankheiten erfolgt nach Diagnose durch den Arzt, der seinen Patienten per Kamera untersucht. Bagatellverletzungen und banale Infekte können so ohne Aufschub behandelt werden – ohne Fahrerei und Sitzerei in überfüllten Wartezimmern.

Am späten Nachmittag hat auch die Tochter ihr Fernstudien-Kolleg über die *Geschichte der Muße* für heute beendet. Seit sie sich, wie viele ihrer Altersgenossen, zunehmend mit der Historie der Arbeit und ihres Gegenstücks beschäftigt, beginnt sie sich, wie viele andere ihrer Altersgenossen, Stück für Stück von einem Dogma abendländischer Geistesgeschichte zu befreien: dem Dogma, daß man arbeiten müsse, um zu leben. In ihrem Computerkurs erfährt sie Beispiele aus historischen Epochen für die Kunst des Müßiggangs, seine kulturelle Bedeutung und die Chancen, die er für die geistige und körperliche Entfaltung des Menschen bietet.

Als sie ins Wohnzimmer kommt, sind gerade ein paar Nachbarn da, die einen Korb voll Äpfeln aus dem gemeinsam bewirtschafteten Hausgarten mitgebracht haben. Den haben die beiden Familien vor zehn Jahren radikal vergrößert, als alle Straßen auf die Hälfte verkleinert und wieder begrünt, Parkplätze und Garagen abgerissen und deren Grundstücke neu bepflanzt worden waren.

Nach dem Abendessen versammelt sich die Familie zum elektronischen Rendezvous mit der Schwägerin in Sydney. Der neueste Familienklatsch wird besprochen und die weitere Entwicklung des Ozonlochs, dessen Größe seit der rigorosen Verminderung des Autoverkehrs erfreulicherweise nicht mehr zugenommen hat.

Zur Entspannung ordert die Familie dann eine alte Doris-Day-Schmonzette; die Tochter mault: Das Dummchen am Herd – was für ein Frauenbild! Doch für das Multimedia-Zentrum ist das kein Problem: Längst sind alle alten Filme für interaktiven Zugriff präpariert, das heißt: Es stehen Dutzende von Handlungsvarianten und Charakteren zur Verfügung. Nach viel Gelächter einigt sich die Familie darauf, per Computer-Animation aus der biederen Doris Day einen Vamp zu machen, der zu aller Entzücken den biederen Ehemann nicht mehr verwöhnt, sondern ihn mit obszönen Flüchen überschüttet, bevor sie ihn für immer verläßt.

Dann ist es halb elf; die Kinder trollen sich ins Bett, während der Vater sich nochmals in den Swimming-Pool unterm Dach begibt, um, wie an jedem Abend, zu Möwengeschrei, Tangduft und Wellenrauschen eine Runde zu schwimmen – unter der Agäislandschaft, die heute, dreidimensional, an die Kuppel des Schwimmbads projiziert wird. Nach einer halben Stunde wirft er sich auf den goldfarbenen Sandstrand, den eine von allen gefährlichen UV-Strahlen befreite Höhensonne mild beleuchtet. Erschöpft, aber zufrieden kehrt er in seine Wohnung zurück.

Als er ins Bett sinken will, zögert er: Da war doch noch diese wilde Cyber-Party angekündigt auf jener sagenhaften Sex-Hotline, von der ihm neulich sein Nachbar erzählt hat . . . Die Neugier siegt. Der Stubenhocker gibt sich einen Ruck und verschwindet im Cyber-Raum.

22. Ausblick

Aus sechs Wochen Stubenarrest, weil er an einem Duell teilgenommen hatte, destillierte der junge französische Adlige Xavier de Maistre 1794 das brillante Büchlein *Die Reise um mein Zimmer* – von jedem Möbelstück zu Phantasien und Erinnerungen animiert, die den Horizont der meisten heutigen Pauschaltouristen sprengen würden.

In 80 Tagen ließ Jules Verne den blasierten Engländer Phileas Fogg die Welt umrunden – nicht etwa, um eine Reise zu machen, also Erlebnisse und Erfahrungen zu sammeln; vielmehr «beschrieb Fogg nur als physikalische Masse einen Kreis um den Erdball nach den Grenzen der Mechanik», weil er seine Wette gewinnen wollte.

Wir aber holen uns von beiden das Beste: die Welt umrunden und dabei im Zimmer bleiben, von niemandem und nichts belästigt und gejagt und dabei stündlich reicher an Informationen, Eindrücken und Genugtuungen, wie die alte Wirklichkeit sie in so bunter Fülle über keinen Sterblichen je ausgeschüttet hat.

Reisen werden wir ohne Gedränge, Taschendiebe, Durchfall und Blutegel. Wir werden uns nicht mehr mit Flugkilometern brüsten, wie die *Zeit* es in einer Anzeige von 1994 zynisch tat: 37 000mal seien ihre Leser im letzten Jahresurlaub um die Erde geflogen. Auf Pascal werden wir uns zurückbesinnen: «Ein Mensch, der genug zum Leben hat, würde nie das Meer befahren oder eine Festung belagern, wenn er es nur verstünde, zu Hause zu bleiben.»

Festungen führen uns ohnehin nicht mehr in Versuchung,

und das Befahren von Land und Meer gewöhnen wir uns ab. Den Morgenkaffee werden wir uns mit dem Zuckerhut versüßen, mittags durch orientalische Basare schlendern und uns nach dem Abendessen wie die Adler in den Grand Canyon stürzen. Stanley Kubricks *Odyssee im Weltraum* wird ein ärmliches Spektakel sein, verglichen mit den Sphären, in die wir tauchen können, sooft wir wollen.

Wir werden das Fühlkino haben, von dem Aldous Huxley 1932 in seiner *Schönen neuen Welt* nur träumen konnte (*feelies* statt bloß *movies*, versprach er). Verlassene werden sich streicheln lassen können, Einsame sich Gesellschaft holen, Sprachlose miteinander diskutieren, Beleidiger und Beleidigte sich die Hände reichen, Liebespaare Fürstenhochzeit feiern und Rollstuhlfahrer mit Drachen über Gletscher segeln.

Und die Natur wird aufatmen, und die Erde wird blühen. Und von der alten Wirklichkeit werden wir reden wie die Dresdner vom Bombenkrieg und die Florentiner von der Pest. Was immer die neue Wirklichkeit für Fehler oder Schwächen haben mag: Die der alten zu erreichen, wird ihr unmöglich sein.

Über die Autoren

Wolf Schneider wurde 1925 in Erfurt geboren. Schulzeit und Abitur in Berlin. 1943–1945 Soldat. 1945–1947 Dolmetscher bei der US-Army. 1947–1950 Redakteur bei der amerikanischen *Neuen Zeitung*. 1950–1956 Korrespondent der Associated Press in München. 1956–1966 bei der *Süddeutschen Zeitung*: Leiter der Nachrichtenredaktion, Korrespondent in Washington, Leitartikler und «Streiflicht»-Autor. 1966–1971 beim *Stern*: Chef vom Dienst/Verlagsleiter. 1973/74 Chefredakteur der *Welt*. Seit 1979 Leiter der Hamburger Journalistenschule. 1979–1987 und 1991/92 Moderator in der NDR-Talkshow. 1984/85 Lehrauftrag für Sprachkritik an der Universität Hamburg. Seit 1991 Sprachkolumnist der *Neuen Zürcher Zeitung*. 1994 Medienpreis für Sprachkultur der Gesellschaft für deutsche Sprache.

Wolf Schneiders Bücher in zeitlicher Reihenfolge:

1960 *Überall ist Babylon* – Weltgeschichte der Städte (Econ 1960). Deutsche Auflage 225 000, 14 Übersetzungen

1963 *Essen* – Geschichte des Ruhrgebiets und seiner Metropole (Econ 1963, 5. Auflage 1991)

1964 *Soldaten* – Weltgeschichte und Psychologie einer umstrittenen Gestalt (Econ 1964, Das moderne Sachbuch 1966). Übersetzungen in Holland und Mexiko

1976 *Wörter machen Leute* – Kritik der Sprache (Piper 1976, Rowohlt-TB 1979, Serie Piper 1986, 7. Auflage 1994)

1978 *Glück – was ist das?* (Piper 1978, Rowohlt-TB 1980)

1982 *Deutsch für Profis* – Handbuch der Journalistensprache (Stern-Buch 1982, 7. Auflage 1986, Goldmann-TB 1985, 12. Auflage 1993). Auflage 140 000

1984 *Die Alpen / Wildnis* – Almrausch – Rummelplatz (Geo-Buch 1984, 3. Auflage 1989)

1984 *Unsere tägliche Desinformation* – Wie die Massenmedien uns in die Irre führen (Stern-Buch 1984, 5. Auflage 1992), zusammen mit fünf Absolventen der Journalistenschule

1986 *Mythos Titanic* – Drei Stunden, die die Welt erschütterten (Stern-Buch 1986, 5. Auflage 1991)

1987 *Deutsch für Kenner* – Die neue Stilkunde (Stern-Buch 1987, 7. Auflage 1994)

1988 *Wir Neandertaler* – Der abenteuerliche Aufstieg des Menschengeschlechts (Stern-Buch 1988, 3. Auflage 1989)

1991 *Der Kölner Dom* – Wie die Deutschen zu ihrem Weltwunder kamen (Stern-Buch 1991)

1992 *Die Sieger* – Wodurch Genies, Phantasten und Verbrecher berühmt geworden sind (Stern-Buch 1992, 4. Auflage 1993)

1993 *Die Überschrift* – Sachzwänge, Fallstricke, Versuchungen, Rezepte (List Journalistische Praxis 1993), zusammen mit Detlef Esslinger

1994 *Der vierstöckige Hausbesitzer* – Plauderstunde Deutsch mit 33 Fragezeichen (*Neue Zürcher Zeitung* 1994)

1994 *Deutsch fürs Leben* – Was die Schule zu lehren vergaß (Rowohlt-TB 1994)

1995 *Wie man die Welt rettet und sich dabei amüsiert* (Rowohlt 1995), zusammen mit Christoph Fasel

Christoph Fasel wurde 1957 in Hagen in Westfalen geboren. Nach dem Abitur 1976–1978 Lehre als Industriekaufmann. Studium der Germanistik, Geschichte und Philosophie in Paris und München. 1986 Promotion mit einer Arbeit über Johann Gottfried Herder. 1985 bis 1987 Besuch der Hamburger Journalistenschule. 1987–1991 Redakteur bei der Zeitschrift *Eltern*. Seit 1991 Redakteur beim *Stern* mit dem Arbeitsschwerpunkt Bildung und Erziehung. An der Universität München hat er einen Lehrauftrag für Sprache des Journalismus.

Christoph Fasels Bücher:

1988 *Herder und das klassische Weimar* – Kultur und Gesellschaft 1789 bis 1803 (Peter Lang 1988)

1995 *Wie man die Welt rettet und sich dabei amüsiert* (Rowohlt 1995), zusammen mit Wolf Schneider